乡村产业振兴案例精选系列

全国农村电商
典型案例 彩图版

农业农村部乡村产业发展司　组编

中国农业出版社
农村读物出版社
北　京

丛书编委会

本书编委会

主　编　王　维　任　曼

副主编　余荣军　白　莹　何思敏

参　编（按姓氏笔画排序）

王志杰　史衍壮　付海英　刘　康　刘明慧

谷莉莎　谷琼琼　陈　星　陈　静　邵　广

段文学　潘　迪　薛永基

序

    民族要复兴，乡村必振兴。产业振兴是乡村振兴的重中之重。当前，全面推进乡村振兴和农业农村现代化，其根本是汇聚更多资源要素，拓展农业多种功能，提升乡村多元价值，壮大县域乡村富民产业。国务院印发《关于促进乡村产业振兴的指导意见》，农业农村部印发《全国乡村产业发展规划（2020—2025年）》，需要进一步统一思想认识、推进措施落实。只有聚集更多力量、更多资源、更多主体支持乡村产业振兴，只有乡村产业主体队伍、参与队伍、支持队伍等壮大了，行动起来了，乡村产业振兴才有基础、才有希望。

    乡村产业根植于县域，以农业农村资源为依托，以农民为主体，以农村一二三产业融合发展为路径，地域特色鲜明、创新创业活跃、业态类型丰富、利益联结紧密，是提升农业、繁荣农村、富裕农民的产业。当前，一批彰显地域特色、体现乡村气息、承载乡村价值、适应现代需要的乡村产业，正在广阔天地中不断成长、蓄势待发。

    近年来，全国农村一二三产业融合水平稳步提升，农产品加工业持续发展，乡村特色产业加快发展，乡村休闲旅游业蓬勃发展，农村创业创新持续推进。促进乡村产业振兴，基层干部和广大经营者迫切需要相关知识启发思维、开阔视野、提升水平，"新时代乡村产业振兴干部读物系列""乡村产业振兴案例精选系列"便应运而生。丛书由农业农村部乡村产业发展司组织全国相关专家学者编写，以乡村产业振兴各级相关部门领导干部为主要读者对象，从乡村产业振兴总论、现代种养业、农产品加工流通业、乡土特色产业、乡村休闲旅游业、乡村服务业等方面介绍了基本知识和理论、以往好的经验做法，同时收集了种养典型案例、脱贫典型案例、乡村产业融合典型案例、农业品牌典型案例、乡村产业园区典型案例、休闲旅游典型案例、农村电商典型案例、乡村产业抱团发展典型案例等，为今后工作提供了新思路、新方法、新案例，是一套集理论性、知识性和指导性于一体的经典之作。

丛书针对目前乡村产业振兴面临的时代需求、发展需求和社会需求，层层递进、逐步升华、全面覆盖，为读者提供了贴近社会发展、实用直观的知识体系。丛书紧扣中央"三农"工作部署，组织编写专家和编辑人员深入生产一线调研考察，力求切实解决实际问题，为读者答疑解惑，并从传统农业向规模化、特色化、品牌化方向转变展开编写，更全面、精准地满足当今乡村产业发展的新需求。

发展壮大乡村富民产业，是一项功在当代、利在千秋、使命光荣的历史任务。我们要认真学习贯彻习近平总书记关于"三农"工作重要论述，贯彻落实党中央、国务院的决策部署，锐意进取，攻坚克难，培育壮大乡村产业，为全面推进乡村振兴和加快农业农村现代化奠定坚实基础。

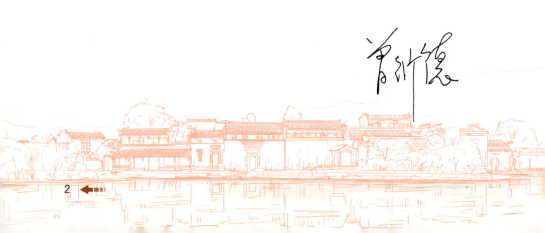

前言

  实施乡村振兴战略，是以习近平同志为核心的党中央着眼党和国家事业全局，深刻把握现代化建设规律和城乡关系变化特征，顺应亿万农民对美好生活的向往，对"三农"工作作出的重大决策部署，是决胜全面建成小康社会、全面建设社会主义现代化国家的重大历史任务，是新时代做好"三农"工作的总抓手。

  习近平总书记在网络安全和信息化工作座谈会上指出：网信事业要发展，必须贯彻以人民为中心的发展思想。这是党的十八届五中全会提出的一个重要观点。要适应人民的期待和需求，加快普及信息化服务，降低应用成本，为老百姓提供"用得上、用得起、用得好"的信息服务，让亿万人民在共享互联网发展成果上有更多获得感。与城市相比，农村互联网基础设施建设是一块短板，应加大投入力度，加快农村互联网建设步伐，扩大光纤网、宽带网在农村的有效覆盖。可以做好信息化和工业化深度融合这篇大文章，发展智能制造，带动更多人创业创新；可以瞄准农业现代化主攻方向，提高农业生产智能化、经营网络化水平，帮助广大农民增加收入；可以发挥互联网优势，实施"互联网＋教育""互联网＋医疗""互联网＋文化"等，促进基本公共服务均等化；可以发挥互联网在巩固脱贫攻坚成果中的作用，让更多脱贫群众用好互联网，让农产品通过互联网走出乡村，让山沟里的孩子能接受优质教育；可以加快推进电子政务，鼓励各级政府部门打破信息壁垒、提升服务效率，让百姓少跑腿、信息多跑路，解决办事难、办事慢、办事繁的问题等。这些方面有很多事情可做，一些互联网企业已经做了尝试，取得了较好的经济效益和社会效益。

《全国农村电商典型案例》汇集了全国各个省份在农村电商发展工作中积累的宝贵经验，展现了产业助力乡村振兴的伟大成果。这些成果的取得，凝聚了全党全国各族人民的智慧和心血。农业农村部乡村产业发展司从全国征集了100多个农村电商案例，由中农智慧（北京）农业研究院组织专家团队进行评审，以利益联结紧密度、农村居民人均可支配收入和带动农民增收的质量为评判标准，最终评选出25个典型案例汇编成此书，进行公布，并优先进行宣传推广。特别说明，本书所引案例及涉及品牌只为内容说明需要，未对其经营及产品质量进行考察，对此不持任何观点，仅供参考。农村电商赋能的工作重点是帮助农民增收，乡村特色产业的发展帮助农村电商提供更多的产品，吸引人和资本进入农村；农村电商的关键是物流体系的建立，只有物流体系逐步完善，农村电商才可以实现"农产品出得去，工业品进得来"；农村电商需要品牌农产品、精品、特色农产品等优质产品，而优质产品又需要农村电商的渠道。两者相得益彰、相辅相成。

由于水平所限，书中疏漏之处在所难免，敬请读者批评指正。

编　者

2022 年 12 月

目录

序
前言

第一章　农产品电商 / 1

第一章　农产品电商

北京密云：密农人家农业科技有限公司

> **导语：**"密农人家"通过不断创新，深入推进农业供给侧结构性改革，以服务农业增效、农民增收为主攻方向，充分发挥新型农业经营主体的示范引领作用，集聚各类要素资源，推进产业融合、创新创业，在促进企业自身健康稳定发展的同时助力产业振兴。

一、主体简介

密农人家农业科技有限公司（简称"密农人家"）位于北京市密云区河南寨镇，2012 年由毕业于北京理工大学的返乡青年孔博创立，是一家集品种引进、生产、加工、配送、产品开发于一体的现代农业电商企业。目前，密农人家团队共 70 余人，吸引 20 多名大学生回乡一同创业。通过天猫、淘宝、京东、微信等电商平台，密农人家全年稳定供应蔬菜、水果、禽蛋、杂粮等 160 余种密云优质农产品；通过发挥自身示范带头作用，把实施乡村振兴战略摆在优先位置，与多个低收入村建立对口帮扶，帮助低收入农户增收。经过不断努力，密农人家被认定为 2015 年度北京市农业农村信息化示范基地，并被农业部和科技部评为 2017 年度全国农业农村信息化示范基地、国家级星创天地。创始人孔博也先后荣获第九届全国农村青年致富带头人、第三十届北京青年五四奖章、首都精神文明建设奖等荣誉称号。

二、模式简介

1. 模式概括　从 2012 年成立以来，密农人家借助"互联网＋"打开农产品电商市场，创立了"精准调查-农科融合-标准生产-塑造品牌-电商营销-价优富农-模式共享"的创新型电商运营模式。发挥密云区的天然资源优势，针对现有市场农产品安全问题和消费者对农产品的高要求，利用密云区的生态环境优势和特色农产品资源发展生产基地。通过与合作社签订供应合同、收购农户农产品等，在确保食品安全的同时保障了农民的利益。

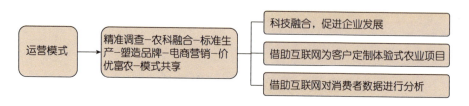

2. 发展策略 科技融合，促进企业发展。建设农产品试验示范推广基地，用于试种新品种，培育核心特色农产品。依托科研院所专家的指导，依靠科技的支撑作用，把好的品种落地生产，在农业调结构、转方式、发展节水型农业上发挥积极的作用。借助互联网了解客户的线下体验需求并反馈给农户，由农户为客户提供旅游休闲服务或特色化的体验式农业项目。组织团购产品认领地块、开展每周会员活动等农耕体验项目，提高会员认可度和土地附加值，促进本地一二三产业融合发展。公司产品瞄准北京中等收入及以上消费人群，借助互联网对消费者数据进行分析。一方面，根据消费者需求预期，提前组织合作社或农户种植相应的农产品，调整种植结构；另一方面，按照当日订单需求安排翌日采摘及配送，不留库存。网店成立之初，就开创了北京市区内蔬菜"当日采摘，当日送达"的先河。

3. 主要做法

（1）农商融合，改变传统农业生产模式。一是发挥"农"的产品优势，为顾客提供优质商品。依托密云良好的生态环境优势、特色农产品资源和精品农业发展基础，采取"公司＋合作社＋农户"的经营模式，与本地 17 个镇的 460 个农户和 72 家合作社达成生产合作关系，发展标准化生产基地 800 余亩*，分别通过直供直销和订单生产等方式，持续为消费者提供优质特色农产品。二是发挥"商"的大数据优势，开展农业精准种植。利用阿里巴巴、京东商城等大数据系统对终端 11 万余名用户进行消费特点和趋势分析，筛选优质新品种进行试种，并通过销售

---

* 亩为非法定计量单位，1 亩＝1/15 公顷。

平台进行新产品满意度测试，获得消费者好评后，立即组织合作社和基地调整种植结构，按照统一生产标准实施订单生产，实现了由"种什么卖什么"向"要什么种什么"的转变。与单纯的采收模式相比，密农人家较其他电商获得了差异化、更优质的产品，与农民和合作社建立了更紧密的关系，同时也倒逼了农业产业基地的提质增效和种植的结构调整。

（2）线上线下融合发展，提升品牌影响力。一是通过特色农产品试验示范推广基地进行"土地认领""线下体验"等活动，共吸引 5 000 余名北京市民前来体验、600 余组家庭认领土地。让顾客在品尝特色农产品的同时还能体验农耕的乐趣，并提高会员认可度和土地附加值，促进了本地一二三产业的融合发展。二是创新销售模式。2018 年 9 月，密农人家体验店在华润万象汇四层开业，并与多家精品水果超市展开战略合作，进行特色农产品的推广。三是伴随着农产品电商购物群体的逐步形成，线上流量已经趋于平缓，为了持续吸引消费者、增强顾客黏性，密农人家在稳定线上流量的同时，开展线下与顾客开展面对面交流。通过组织参加展会、线下体验、开通直播等形式多样的互动交流方式，加深消费者的品牌认知程度，提升消费者的购买力。

线上线下融合发展，给用户带来更加便捷的服务体验，使品牌更加贴近用户，让消费者更直观地体验到密云优质的特色农产品。

（3）制定产品分级标准，促进企业转型发展。随着人民生活水平的不断提高，选择食用优质农产品渐渐成为大众的一种消费观念和消费文化，满足消费者个性化需求成为企业关注的重点。企业经过几年的快速发展，

销售规模有了明显增长；但与此同时，也出现了产品品相不好较难满足消费者多样化需求、包装成本较高、损耗率高等问题。农产品品相差、包装不规范、保鲜方法落后、管理不规范等因素，严重制约了企业的发展。为此，密农人家特向有关方面专家请教，通过就农产品的采收、分级、包装、配送、保鲜等环节对企业进行调研，对存在的问题进行系统性的挖掘与分析，制定了一套符合企业自身发展的农产品分级包装标准。通过应用农产品包装分级标准，一方面，满足了企业的个性化需要，增强了企业农产品质量竞争力，减少了平台与顾客的纠纷，加强了企业与客户间的黏性、提升客户满意度，实现农产品的优质优价，促进了农民的增产增收；另一方面，还使企业在产品质量方面上了一个较大的台阶，有效解决了产品质量等级不规范、产品质量不稳定、包装破损率高、产品损耗大等问题。分级后蔬菜收购价格的提高，实现了农民增产增收，适应了农产品优质优价的发展趋势。这不仅成为保护农民根本利益的技术依据，而且也满足了消费者多样化的层次性要求。同时，还推进了农产品质量等级化、包装规格化、流通品牌化，为加快推进"质量兴农、绿色兴农、品牌强农"和实现乡村振兴作出应有贡献。

（4）精准帮扶，带动低收入农户脱低致富。密农人家始终坚持"诚信经营、回馈家乡"的理念。为加快推进低收入村发展和促进低收入农户增收，采取了以下措施：

一是采取"互联网电子商务＋线下资源整合"的扶贫方法，将西白莲峪村、燕落村、黄土坎村、新王庄村、大城子镇等低收入村镇农产品在互联网上进行推广和销售，帮助低收入农户拓宽销售渠道。密云人家成功打造了网红品牌"林下清香木耳"，而且还在2018年11月11日湖南卫视的《天天向上》节目上推介密云板栗。

二是依托产业和市场优势，在密云区农委的支持下开展实用人才技能培训。课程包括"农产品标准化种植""区域农产品电商运营""农产品质量安全"等，累计培训超过600人次，为培育"一懂两爱"的农村科技队伍提供了支撑服务。

三是发展产业，探索低收入村的"造血"路径。在燕落村、塔沟村、西白莲峪村、流河峪村等本地低收入村进行特色红薯种苗免费发放并回收红薯的探索，累计回收特色红薯超过1万千克。在低收入村发展特色红薯产业，通过高品质、节水、省人工的特色红薯产业持续帮扶，实现了将低收入地区多样化的资源优势逐渐转化为产业优势、经济优势和后发优势的目标。

（5）打造区域品牌，实现模式共享、协同发展。近年来，密云区涌现出30多家不同发展阶段的从事区域农产品品牌打造的电商企业。2016年9月，密农人家在分享经验、开展培训的同时，作为理事长单位，还联合本地农产品电子商务企业发起成立北京市首家农产品电子商务协会——密云区农产品电子商务协会，共同打造密云农业品牌。截至2018年底，协会已经初具规模，本地农产品销售额突破了 2 亿元。电商总数达到 30 余家，主要以第三方平台（淘宝、天猫、京东、微信店铺）售卖为主，占全部农产品电商总数的 90％；年销售额 30 万元及以上规模的电商达到 18 家。产品主要涉及蔬菜、水果、杂粮、禽蛋、肉类等；通过淘宝、天猫、京东等第三方平台和自建网络平台把密云本地优质农产品销往全国各地。

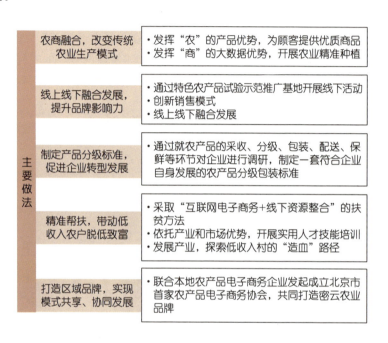

三、利益联结机制

密农人家通过"精准调查-农科融合-标准生产-塑造品牌-电商营销-价优富农-模式共享"的创新型电商运营模式，充分发挥辐射带动作用，推进电商扶贫与低收入地区产业融合发展。提升农产品营销能力，促进农业高质量发展。通过与农户达成规模化订单生产，先后打造了"栗面贝贝南瓜""两河沙田红薯""莓莓番茄"等网红爆款产品，为创新提供了紧贴市场的技术需求，为创业提供了符合产业特点的实践平台，为成果转化和产品发展打通了市场渠道。目前，累计销售密云本地农产品 160 余种，年均销售本地产品 1 560 余吨，提供基地周边劳动力就业岗位 70 余个，带动了本地区 460 个农户和 72 家合作社实现增收。同时，与农户建立了利益联结机制，推进了一二三产业融合发展，让传统一产农户享受到了二三产业的增值收益。

四、取得成效

经过 7 年的努力，密农人家年销售额早已突破 2 000 万元，通过淘宝、天猫、京东、微信商城等平台累计服务京津冀乃至全国 12 万用户；并运用"互联网＋农业"的订单合作方式，在网络市场上塑造了密云农产品"绿色、安全、健康"的品牌形象。密农人家先后获得北京市农业好品牌、最受北京农民喜爱的十大农业电商、北京市农业信息化龙头企业等荣誉，并分别被农业部、科技部评为全国农业农村信息化示范基地、全国农村创业创新园区、国家级星创天地等称号。创始人孔博先后荣获第九届全国农村青年致富带头人、第三十届北京青年五四奖章、全国农村创业创新优秀带头人典型案例、首都精神文明建设奖等荣誉称号，并担任北京市第十五届人大代表。

五、启示

密农人家通过发展特色农业产业，不断提高农业产业化水平，充分发挥辐射带动作用，推进电商扶贫与低收入地区产业融合发展，提升了农产品营销能力，推广了密云农产品绿色、安全、健康的品牌形象。

今后，密农人家将以实施乡村振兴战略为引领，把互联网与农业生产、经营、管理、服务、创业创新深度融合，将密农人家发展成为集"产、学、研"于一体的现代农业龙头企业，并把密农人家团队打造成为一支"懂农业、爱农村、爱农民"的"三农"队伍。密农人家在实现自身创业梦想的同时，将创造更多的价值，努力让农业成为有奔头的产业、农民成为有吸引力的职业、农村成为安居乐业的美丽家园。

山西太原：鸿新农产品有限公司

导语： 公司运营模式是基地源头采购，不经过中间环节，直接进入自有的加工配送中心，再进行分拣配送到社区体验店。此种运营模式可以解决中间环节太多、层层增加费用、到最终消费者手中果蔬价格偏高的问题，也正好解决了市场上普遍存在的果蔬基地收购价格低、终端销售价格偏高的市场痛点。通过运营模式创新，果蔬价格可以比大型商超低 5%～10%，居民得到了实惠。

2018 年，公司进一步完善了电子商务平台的系统建设。通过"电子商务＋社区店"模式，覆盖了太原市所有区域。截至 2018 年12 月，公司已投资开设电子商务进社区体验店 7 家，果蔬品项达到45 种，服务居民 10 万人。目前开设的社区体验店销售良好，得到了所在社区居民的高度认可。

一、主体简介

太原市鸿新农产品有限公司于 2004 年成立，坐落于太原市小店区孙家寨南 1 号院内，是山西省最大的农产品加工配送企业之一。自 2004 年成立以来，一直秉承"做食品就是做良心，立志成为让客户放心的一流农产品开发公司"的企业理念，构建了"公司＋基地＋协会＋农户＋市场"的发展平台，真诚为各机关、企业、学校、食堂、超市、社区提供方便快捷、优质放心的服务。公司现有员工 236 人，合作示范基地 12 580 亩，冷库 6 座，自有冷藏配送车 80 辆，日处理蔬菜 120 吨。公司现设有生产、采购、加工、销售、办公、财务等部门，是一家集种植、检测、加工、配送、销售于一体，专业从事果蔬菌菇基地开发、加工、配送及社会化服务的综合性生鲜企业。

2009 年，公司成功注册了"康乐欣"商标，正式推出了"康乐欣"系列产品。经过长时间的推广与维护，公司从线上到线下，配合电视宣传、公益活动、VI 形象设计、产品营销方案等手段全方位地塑造公司品牌形象，目前已成为太原市生鲜的知名品牌。公司现经营上百个蔬菜种类，上百种国产、进口水果，20 多种菌菇。产品不仅销往全省批发市场，同时向太原市美特好、山姆士、家乐福、榆次田森、王府井、家家利、京东、鲜立达等 100 多家大型超市卖场、大型商城供应产品，并为太原市各大高校食堂、驻地武警和消防部队食堂配送产品。

```
┌─────────────────────────┐
│     鸿新农产品有限公司      │
└─────────────────────────┘
            ↓
┌─────────────────────────┐
│  2004年成立，坐落于太原市    │
│   小店区孙家寨南1号院内       │
└─────────────────────────┘
            ↓
┌──────────────────┐  ┌──────────────────┐
│"做食品就是做良心，立志成│  │构建了"公司+基地+协会+│
│为让客户放心的一流农产品开│  │农户+市场"的发展平台   │
│发公司"的企业理念      │  │                  │
└──────────────────┘  └──────────────────┘
            ↓
┌─────────────────────────┐
│公司于2009年成功注册了"康乐欣"商标│
└─────────────────────────┘
            ↓
┌─────────────────────────┐
│公司现经营上百个蔬菜种类，上百种│
│国产、进口水果，20多种菌菇   │
└─────────────────────────┘
```

二、模式概况

1. **业务模式："企业＋农户"形成农业联合体模式** 为了确保产品的质量，公司与多地大型蔬菜、水果种植企业及农户建立了长期的供需合作关系，发展订单农业基地，从源头进行质量控制。2009 年，公司按照《中华人民共和国农产品质量安全法》的规定和国家有关部委的要求，积极加入太原市农产品质量安全追溯系统，通过二维码扫描，实现了产品的源头可追溯，保证了果蔬的质量与安全。目前，蔬菜基地主要分布在山东寿光、太原周边等。其中，在太原市尖草坪区合作开发了蔬菜、瓜类示范基地 6 000 多亩；在太原市小店区开发了蔬菜种植基地 580 多亩；在晋中市开发了农业种植示范基地 500 多亩。水果基地主要分布在山西、陕西、海南等地，种植面积达 4 500 多亩。菌类基地主要集中在山东、河北、四川等地，种植面积达 1 000 多亩。

公司一直致力于农业的发展，不断地寻求新的服务契机，秉承"为人至诚，为业至精"和"农户效益第一，服务大众客户"的经营理念，凭借区位优势及长期的行业从业经验，以绿色农产品的发展为重点，向高产、优质、低耗和绿色无公害的方向发展。同时，契合现代化的消费理念，跟随电商发展的大趋势，借助微信、网站、手机等现代化的网络技术手段，与多家大型购物平台合作，开发农产品 OTO 的线上线下销售新模式，拓宽产品销售渠道。

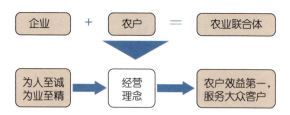

2. 发展策略 公司作为省级农业产业化龙头企业，以公司作为农业联合体的主导企业链接农业专业合作社或者农户，发展订单农业，带动太原市小店区甚至周边区域的农业种植结构调整，解决部分农业专业合作社或者农户种植果蔬产品销售的问题，以达到农业龙头企业和农业专业合作社或者农户紧密合作、利益共享。

3. 主要做法 公司以基地作为采购源头，从源头开始就注重果蔬的品质。果蔬运送到自建的加工配送中心后，先经严格的农残检测再进行分拣加工，最后配送到大型商超、高校及自有的社区体验店进行销售。

此种运营模式可以解决中间环节太多、层层增加费用、最终到消费者手中果蔬价格偏高的问题，也解决了市场上普遍存在的果蔬基地收购价格低、终端销售价格偏高的市场痛点。通过这种运营模式创新，果蔬价格比大型商超低 5%～10%，居民得到了实惠。

2018 年，公司进一步完善了电子商务平台的系统建设，通过"电子商务＋社区店"模式，覆盖了太原市的所有区域。截至 2018 年 12 月，已投资开设电子商务进社区体验店 7 家，果蔬品项达到 45 种，服务居民 10 万人。目前开设的社区体验店销售良好，得到了所在社区居民的高度认可。这种从产地到消费者手中的社区直销模式已逐步成熟。截至目前，公司开设社区体验店 120 多家，同时开展线上线下的销售模式，最大限度地满足居民购买果蔬的安全性和便利性，服务人群达 200 多万人。

三、利益联结机制

采用"公司＋农业专业合作社或者农户"模式，直接或间接带动农户 20 000 户，每户农户增收 2 000 余元，部分解决了农户果蔬产品贱卖的痛点问题。

四、主要成效

1. 经济效益和社会效益 2018 年，公司销售收入达到 3.8 亿元，实现了利税总额 763 万元。

随着公司经营规模的不断扩大，可新增当地就业岗位 300 多个，可适当缓解当地就业压力，有利于地方的稳定；可带动农户种植蔬菜，为农民增收打下基础；项目运行后，可让社区居民既享受到购买果蔬的便利和安全，又得到实惠，进一步降低居民的生活成本。

2. **生态效益** 公司运营不会对自然生态环境造成任何不良影响，可实现循环可持续发展。

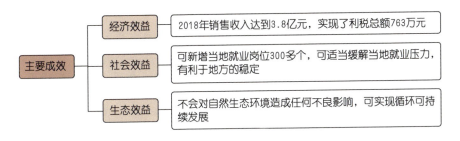

五、启示

公司以市场需求为导向，以增加农民收入为出发点，发展农产品加工的产业化生产，充分发挥了龙头企业的带动作用，有效带动了小店区蔬菜生产基地的建设，拉动了农户种植及发展包装、运输、销售等相关产业发展，在推动农村产业化整体建设和加快农村商品经济的发展等方面发挥了重要作用。此外，还增加了蔬菜的仓储能力，就地消化了大量的农产品，调剂了市场余缺，稳定了市场物价，对丰富城乡居民"菜篮子"具有重要意义。

该运营模式从太原市小店区实际出发，一方面，结合当地农业发展的需要，紧紧围绕推进农业和农村经济结构的战略性调整契机，解决了当地农业生产中仓储、加工能力薄弱的环节，增强了当地农业的可持续发展能力；另一方面，解决了一部分当地农民卖菜难问题，变相地带动了农民增收，同时也为社区居民提供了价格适中、品质优良的果蔬产品。

辽宁新民：信昌粮食贸易有限公司

> **导语：** 信昌粮食贸易有限公司创新经营思维模式，创新产品，打造品牌，采用"公司＋农户"模式订单生产优质稻米，应用高精设备加工，借助京东、美团快驴等电商线上线下平台销售，扩大市场占有率，创立知名品牌。年销售额逾10亿元。引入企业化生产经营发展模式，既保障农民稳定收入又助推农事企业良性健康发展，是新民市农村一二三产业融合互联网＋农业电商平台发展的成功典范。

一、主体简介

信昌粮食贸易有限公司成立于2005年，位于沈阳市新民市金五台子镇皂角树村，占地面积2万平方米，建筑面积1万平方米，注册资金2 000万元，是集粮食收购、加工销售、杂粮筛选包装、农业种植销售于一体的农产品初加工企业。现有员工280人，设有采购部、生产部、物流仓储部、维修部、销售部、质检部、财务部、人力行政八大部门。拥有生产基地6.5万亩，年大米生产能力20万吨，年杂粮生产能力10万吨，年销售额在10亿元以上。注册了"柴火大院""十月稻田"2个大米产品的商标。线上与京东、天猫超市、顺丰优选、中粮我买网、苏宁易购、每日优鲜、盒马鲜生等多个电商销售平台建立战略协作伙伴关系，线下携手饿了吗有菜、KA超市、美菜、美团快驴等达成合作。产品依托平台销售覆盖北京、上海、广州、大连、济南、青岛等20余个大中城市，企业代理

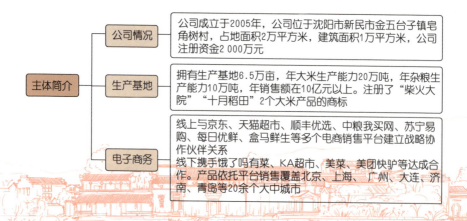

商涵盖河北、甘肃等多省份。2017 年，公司被评为沈阳市农业产业化重点龙头企业、AAAAA 级信用等级企业、守合同重信用企业。

二、模式概况

1. **"公司＋农户"模式** 早在 1980 年，公司创始人家族投身粮食行业，开始从事稻米、杂粮的加工。2005 年，公司为改变小作坊式的生产方式，注册了一个公司，建了新厂房、引进了新设备，还跟当地几十个种粮大户签订了合同，成立种植合作社。公司提供优质的种子和化肥，并且以高价收购，保证了收购粮食的质量。加工厂生产的大米率先通过了刚刚实行一年多的 QS 认证。在多方的努力之下，信昌粮食贸易有限公司于当年 6 月正式成立。在注册公司的同时，"信昌"也新建了一支营销队伍，粮食收购的范围和产品销售的范围不断扩大。

2. **发展策略** 创新经营思维模式，创新产品，打造品牌。改变过去农村小作坊初加工模式，建公司进行企业化生产经营。创新销售渠道，利用现代互联网＋电商网络平台抢占市场先机，扩大品牌知名度。

创新经营思维模式 ▷ 创新产品 ▷ 打造品牌

3. 主要做法

（1）**实行正规企业化经营模式**。1980 年，公司创始人家族就已经投身粮食行业，主要从事稻米、杂粮的加工。在积累了几十年的稻米加工经验后，他们对大米行业的了解更趋深入。但是，由于小加工厂生产的大米没有品牌，粮食批发商压价压得很凶。所以在 2005 年，家人决定要改变小作坊式的生产方式，于是去工商局注册了一个公司。姐弟们筹资 100 万元重建了新厂房、引进了新设备，还跟当地几十个种粮大户签订合同，成立种植合作社。由他们提供优质的种子和化肥，并且以高价收购，保证了收购粮食的质量。加工厂生产的大米率先通过了刚刚实行一年多的 QS 认证——当时大米是国内首批使用质量安全准入标准的五类食品之一。就这样，在多方的努力之下，信昌粮食贸易有限公司在当年 6 月正式成立。在注册公司的同时，"信昌"也新建了一支营销队伍。对粮食收购的范围一路向北，向吉林和黑龙江拓展；产品销售的范围则一路南下，向北京和上海扩展。

（2）组建团队、网络人才，集众人之智壮大企业。随着互联网应用的发展普及以及全民素质的提高，网上销售量已经呈几何级数增长。企业正是看到这一契机，及时抓住机遇于 2011 年设立北京营销中心，初始运营团队 5 人。后经 3 年连续发展，2013 年成立北京贺裕隆盛贸易有限公司，运营团队也发展壮大到了 130 多人。

多年的销售经验锻炼出来的团队对于市场反应有极高的敏感度，准确预测到电商行业未来的发展趋势：要想尽快在粮食行业生存下去，就必须做别人不敢做、想不到的产品。怀着这样的信念，在 2010 年获悉京东首次扩大商品类目时，公司立马着手跟京东谈合作。在行业里多数人还在保持观望态度时，公司已经成为京东的首批合作企业之一。网店在京东上线第一周，只做了个简单的促销活动，一天就卖出上千袋，这让公司上下看到了电商行业的巨大商机。所以决定：首先必须打造品牌，保证品质才能开辟一条新路；然后是通过互联网打造全国市场。公司当机立断，在 2011 年先后注册了"柴火大院""十月稻田" 2 个大米产品的商标。在京东销售平台，第一年增长 300%，后面基本上每年销售额增速都保持在 150% 左右。第三年，大米进入京东的仓储，由京东去配送和收款。随后又转为京东自营商品，成为同类目的第一名。

（3）借助电商线上线下平台扩大销售规模，创立品牌。2014 年，对公司来说是一个新的起点。这一年，国内电商迎来了史上规模最大的"上市年"，"双十一"创造了 571 亿元这一超过想象的交易额，跨境电商特别是跨境进口电商崭露头角，移动电商爆发式增长，微商异军突起。在电商逐渐走向成熟的同时，公司与各平台的合作也步入了崭新的阶段。2014 年"双十一"，公司积极参与了京东"连续 13 天满 199 减 100""爆品 1 分钱秒杀"等重磅活动。全新多样的营销方式、丰富的线上资源，不仅提高了品牌的知名度和曝光度，更为品牌的发展增添了新动力，当年销售额直接突破 1 亿元。乘着品牌高速发展的东风，2014 年"十月稻田"与天猫超市建立销售自营战略合作关系，同期陆续签约顺丰优选、中粮我买网、苏宁易购等多个平台，正式开启品牌的多渠道覆盖进程。目前，在天猫超市，"十月稻田"长粒香米总销售量已经突破 500 万袋，是经过天猫超市官方认可的高人气收藏，40 万家庭好评、高回购率的爆款商品。截至目前，公司有近 200 款商品在京东售卖，大部分产品都深受消费者喜爱。其中，五常大米和东北杂粮好评率达到 99%。在杂粮品类搜索排名中，"十月稻田"更是常年稳居第一。

"十月稻田"杂粮系列

"十月稻田"　"十月稻田"　"十月稻田"　"十月稻田"　"十月稻田"　"十月稻田"
黄小米480克　燕麦米480克　绿豆450克　藜麦米480克　黄豆380克　稻花香糙米480克

"十月稻田"杂粮系列产品

"柴火大院"大米系列

"柴火大院"　　"柴火大院"　　　"柴火大院"　　　　"柴火大院"
长粒香大米5千克　五常稻花香米5千克　五常有机稻花香米5千克　五常有机大米5千克

"十月稻田"大米系列

"十月稻田"　　"十月稻田"　　　"十月稻田"　　　　"十月稻田"
长粒香大米25千克　稻花香大米25千克　辽河长粒香大米25千克　五常大米25千克

大米系列产品

2015 年，"十月稻田"签约每日优鲜，成为每日优鲜粮油类目的首批合作品牌之一。2016 年，"十月稻田"又与阿里巴巴旗下盒马鲜生签订了全产品线采购合同，盒马鲜生是阿里巴巴对线下超市完全重构的新零售业态，入驻盒马鲜生对"十月稻田"也是一次全新的尝试。借助盒马鲜生半小时达的物流服务，"十月稻田"凭借多品类和多品牌发展优势，一直为消费者提供更新鲜、更高性价比、更高效率的健康食粮。同时，"十月稻田"也一直在拓展线下市场。从2014年的农批市场开始，2015年携手饿了吗有菜，2016年入驻KA超市，2017年4月进入美菜，到2018年9月与美团快驴达成合作。短短几年间，"十月稻田"一直在不断丰富线下版图。依托平台覆盖北京、上海、广州、大连、济南、青岛等20余个城市，企业代理商涵盖河北、甘肃等多省份。更借助美菜平台延伸的新电商模式——美家优享，助力品牌走进社区，开启了新一轮的社区团购热潮。甚至对于企业团购、线下商超和全国各地代理商，企业也设立了专门的大客户团队来进行对接，致力于为大客户提供更具个性化、更有市场竞争力的品牌服务。

历经10余年发展，"十月稻田"已经从传统的销售模式向广阔的网络销售模式转换。线上线下全方位拓展，形成了B2B、B2C、O2O、新零售多渠道、多元化共同发展的新局面，完整构建起线上线下农产品流通的生态圈。

（4）组建物流团队。为确保消费者购买产品的时效性，公司分别在北京、上海、广州成立物流中心，周转库房仓储能力共计达到3 000多吨。目前拥有专业物流团队60多人，确保400多种商品顺利进入全国近40个电商平台的174家仓库。带动相关产业就业数千人，实现了从生产基地直接送入各大电商平台总仓，顾客下单后平台直接配送到客户家中的新模式，时效之快开启了公司运营模式的新篇章。

主要做法：

实行正规企业化经营模式	信昌粮食贸易有限公司在2005年6月正式成立，同时，公司也新建了一支营销队伍，对粮食收购的范围一路向北拓展，产品销售的范围则一路南下扩展
组建团队、网络人才，集众人之智壮大企业	于2011年设立北京营销中心，首先是必须打造品牌，保证品质才能开辟一条新路，然后是通过互联网打造全国市场
借助电商线上线下平台	"十月稻田"已经从传统的销售模式向广阔的网络销售模式转换，线上线下全方位拓展，形成了B2B、B2C、O2O、新零售多渠道、多元化共同发展的新局面，完整构建线上线下农产品流通生态圈
组建物流团队	公司分别在北京、上海、广州成立物流中心，周转库房仓储能力共计达到3 000多吨。目前拥有专业物流团队60多人，确保400多种商品顺利进入全国近40个电商平台的174家仓库

企业以"互联网＋农业"的独特经营模式，经过 10 余年打拼，已形成集种植、生产、销售、服务于一体的一二三产业紧密融合发展型企业，完整的产业链为企业发展提供了强有力的保障。凭借地理资源优势、产品高性价比优势及市场高覆盖率优势，实现了企业的超常规发展，被业内誉为中国农产品行业颇具活力和发展潜力的企业之一。

三、利益联结机制

公司采用"公司＋农户"模式，订单生产。公司从水稻等的种植到加工、销售、物流，全产业链带动包括以农户为主的数千人就业。既保障了农民的种粮收入、稳定了农民的种粮积极性，又给农民在农闲时节提供数千个就业岗位、带动了农民增收。

四、主要成效

公司秉承"为健康选好粮"的理念，在为股东、员工、客户创造价值的同时，积极履行企业的社会责任，追求与各利益相关方的合作双赢。2019 年，公司根据中国好粮油行动计划的主要目的和任务进一步完善了已有的全产业链大米产业模式。企业在此基础上依托示范县优势，在中国好粮油行动计划中发挥了示范企业作用，带动农民增收、农业创收，为消费者提供高品质差异化的大米产品；同时，促进了企业快速发展，建立了区域内行业地位及品牌影响力，成为辽宁省农业供给侧结构性改革和提质增效的坚实推动力量。

企业以维护国民食品安全为己任，以实现经济效益和社会效益的双重提高为目标，用"诚信和品质"塑造了中国产业的卓越品牌，全力打造了一家中国最有价值的农业及食品品牌企业。在新的时代，企业将切实提升国家粮食安全保障能力，服务农业供给侧结构性改革，奋力谱写出中国特色社会主义新篇章，为实现第二个百年奋斗目标作出贡献。

五、启示

农村一二三产业融合发展引入企业化经营发展模式，既保障农民收入又助推农事企业良性发展。公司以可持续发展为目标，不断探索创新，构建全新的"集约化"经营模式。集团拥有完善的治理架构和专业化的管理团队，遵循对股东、客户、员工、社会和合作伙伴负责的治理原则，在一致的战略、统一的品牌和文化基础上，确保集团整体朝着共同的目标发展，依托完备的职能体系，清晰的发展战略，积极、热情、高效的客户服务理念，为企业公司的持续发展提供保障。

鉴于利用现代科技互联网＋农业网络电商营销的成功经验，现有的加工能力已不能满足日益增长的销售平台。公司为扩大市场、提高产品品质重新选址、精心筹备，规划了"十月稻田"农业产业园项目。该项目占地300亩，投资5亿元，采用国际先进的加工设备，分3期建设。园区建成后，大米年加工能力100万吨，杂粮及果蔬干制品加工能力20万吨，将是国内单体园区加工能力最大、自动化程序最高、加工品质最好的农产品深加工园区。

辽宁金普：大连向日葵农场

导语： 坐落在大连市金普新区七顶山街道大莲泡村的大连向日葵农场建于2011年，这个12人的青年团队最初的经营项目是以网络销售无公害的"五谷杂粮"为主。2013年，根据当地大樱桃、葡萄、蔬菜等现代农业迅猛发展而农产品销售难日益突显的实际，企业及时调整经营策略，并落户"辽宁特产大樱桃之乡"和大连市重要的蔬菜生产基地——七顶山街道，建立了电商平台，运用网络销售当地农产品。在大连向日葵农场的示范引领下，当地果农、菜农纷纷效仿，逐步告别"一手钱一手货"的传统销售方法，利用互联网、微信等方法实现了农产品的远程销售。其中，每年仅大樱桃就远销全国300多个城市，并打入港澳高端市场。年销售量达1万吨，占每年本地大樱桃总产量的45%。电商平台的运用彻底解决了农产品卖难问题，促进了现代农业的健康发展。

一、主体简介

大连向日葵农场建于2011年，是由当年30岁的黑龙江省大学生张志伟牵头创办的农业企业。创办初期，农场以生产和网络销售无公害农产品为主营项目，租借当地农民的土地。张志伟经历过颗粒无收、水漫大田等挫折，住过临时搭建的"窝棚"。由于资金不足，很多建设材料要利用"二手货"，很多农活要亲自动手，大连向日葵农场也在创业中不断成型。

张志伟投身农业，立志做新时代新农人的精神和行动感染了很多人。2013年，一群来自天南海北、志同道合的年轻人逐渐聚集到农场，有的是五星级酒店的培训主管、外企财务人员，有的是IT精英、设计能手或售后服务管理者。他们纷纷辞掉原来的工作加入农场，共同创业，整修农田，改造道路，建造围栏，使用废旧集装箱、门板搭建房子，种植蔬菜、水果，饲养鸡、鸭、鹅、狗，修建儿童农业体验项目，开展"南果北销"和"北果南销"网络业务，走出一条成功创业之路。

如今，大连向日葵农场已拥有一支集农业技术管理、质量检验、网络销售、售后服务于一体的经营管理团队，与当地100多个农户建立了合作关系。春天忙于耕种，夏天通过互联网销售七顶山街道生产的水果、蔬菜、笨鸡蛋等农副产品，秋天收获农场种植的农产品，冬天在网上销售赣南脐橙。其中，最主要的经营项目就是每年 6～7 月网上销售本地大樱桃。农场自建电商平台，并与全国 50 多家电商平台、100 多个社区合伙人及顺丰、京东、德邦等多家物流企业开展合作，将本地大樱桃源源不断地销往全国。更重要的是，农场带动和引领本地果农利用互联网销售大樱桃，获得了高于传统销售方法 20％以上的经济效益。

二、模式概况

1. 模式概括 "企业＋农户"。

2. 发展策略 做互联网时代的新农人，助力农村产业振兴、农民增收。大连向日葵农场秉承这一发展的核心理念，运用"企业＋农户"的经营模式，带动更多的农户走上了互联网销售农产品的经营之路，确保本地生产的大樱桃、葡萄、蔬菜优质优价，应销尽销，形成生产销售的良性循环，推动乡村振兴战略向纵深发展。

3. 主要做法 运用互联网销售农产品，要着重解决两个问题：一是保证农产品质量安全；二是转变农民的营销理念。大连向日葵农场认为，网络经济首先是诚信经济，网络销售的农产品必须货真价实、质量为先。为此，农场与街道紧密配合，与沈阳农业大学、大连民族大学、大连市现代农业生产发展服务中心、大连海关等部门开展技术合作，教育和引导农民大力普及农业标准化生产和无公害技术，持续推进大樱桃质量标准、监督检测、标准化技术、质量安全追溯体系建设，不断优化农业基础设施和生产环境。七顶山街道出台的《甜樱桃安全生产标准体系表》为大樱桃质量安全设定"红线"，使所生产的大樱桃具有鲜明的产地特征、品种特性、品质特色和品牌特点。2013 年以来，七顶山街道生产的水果、蔬菜先后获"辽宁名牌农产品"称号 4 个、"大连市名牌农产品"称号 15 个，通过绿色食品认证 17 个。七顶山大樱桃连续 3 届入选《全国名特优新水果目录》，并获"2018 中国十大樱桃品牌""2019 中国十大好吃樱桃"称号。

为转变农民的销售观念，引领农民走上网络销售之路，大连向日葵农场除自建电商平台发展推客外，还利用 2017—2019 年中国首届大樱桃交易会暨网络樱桃季"大连国际大樱桃节开幕式"在七顶山街道举办的有利时机，开展大樱桃网络销售"秒杀"活动，并通过多家网络直播，观众点击率突破 100 万人次，成为新浪直播精选的"网红"。七顶山大樱桃知名度不断提高，销售渠道不断拓宽。此外，大连向日葵农场还深入各村指导电商平台建设，让果农掌握网络营销知识。截至目前，七顶山街道在全国已拥有电商平台 100 多家，拥有淘宝、京东、微信用户 800 多家，线下企业 50 多家，每年通过网络销售的大樱桃达 1 万多吨，最远销到新疆的阿勒泰地区。一位果农高兴地说："电商平台改变了我们走街串巷、市场摆摊、提篮叫卖的传统销售方式。只需要网上接单、按时发货，我们足不出户就把大樱桃卖出去了，而且价格还高。我们可以有更多的时间抓田间管理、抓质量安全。"

在大连向日葵农场的示范引领下，七顶山街道果农运用电商平台销售大樱桃的积极性持续高涨，营销技术不断提高，销售渠道不断拓宽。1989年出生在老虎山村的唐英博是农业院校毕业的大学生，2011年回乡创办了金普新区首家家庭农场。虽然他生产的大樱桃产量高、品质好，但使用联系客户上门收购的传统销售方法，来不及销售的大樱桃只能眼睁睁地烂掉、扔掉，损失惨重。在大连向日葵农场的启发下，从2014年开始，唐英博尝试利用行业网站、官方网站、微博、微信平台和淘宝、京东等网络渠道，宣传推介和销售家庭农场的大樱桃，取得了意想不到的效果。近年来，每到大樱桃成熟季节，各地订单纷至沓来，每年生产的200吨大樱桃供不应求。正是看到唐英博网络销售大樱桃的诸多好处，很多果农纷纷加入电商行列，全村每年生产的6 000吨大樱桃有2 400吨通过电商平台销往全国各地。2019年，老虎山村又与北京新发地农产品批发市场、百果园、润福园、本来生活等多家国内知名的水果经销商签订了大樱桃产销对接战略合作协议，果农首次运用电商平台将大樱桃销往以北京为中心的京津冀经济圈。

为帮助更多果农运用网络销售大樱桃，唐英博将越来越多的客商介绍给其他果农，销售圈子越来越大，很多客户又介绍一批批新朋友到老虎山村收购大樱桃，良性互动的局面促进全村大樱桃产销两旺、优质优价、应销尽销。

电商平台的持续发展，有力带动了速递物流业务的开展。每年6～7月"樱桃季"里，顺丰、京东、德邦、特急送、邮政EMS等物流企业在七顶山街道各村设立大樱桃快递点100多个，通过当日达、次日达、隔日达3种方式和冷链运输方法，24小时运营，按约定的时间保质保量地将大樱桃安全送达用户手中，受到消费者的普遍信赖，进一步促进了网络销售业的健康发展。

销售渠道的拓宽和畅通，电商平台的广泛应用，为大樱桃产业的健康发展提供了强有力的保障，促进了生产规模的不断扩大和农产品质量安全水平的不断提高。七顶山街道位于辽东半岛南端的渤海之滨，地处北纬39°，依山傍海，气候温和，昼夜温差大。良好的自然条件和优越的地理位置为大樱桃生产提供了得天独厚的先决条件。从20世纪90年代开始，七顶山街道持续加强农业结构调整和优化，突出大樱桃、反季葡萄和蔬菜的发展。到2010年，全街道大樱桃种植面积已达20 000亩，年产量达

1.5 万吨。但由于受销售环节的限制，生产规模一直停滞不前，良好的自然条件没有得到充分利用，农业增效、农民增收的潜力没有得到全面释放。正是在大连向日葵农场开通了电商平台以后，更多的果农运用互联网解决了大樱桃销售问题，才打通了大樱桃产业发展的"最后一公里"。从 2014 年开始，大樱桃生产规模实现了二次扩大。截至 2019 年，全街道大樱桃种植面积已达 3.2 万亩，占耕地面积的 70% 以上，年产量达 2.4 万吨。早中晚熟的大樱桃品种达 38 个，温室、冷棚、露地 3 种生产方式紧密衔接，从每年的 3 月开始，大樱桃持续上市时间长达 5 个月之久。仅此一项，街道年收入就突破了 7 亿元。

销售渠道的畅通，促进了街道大樱桃在全国市场占有率的不断扩大，声誉越来越高，这些都为农民发展大樱桃生产奠定了坚实的基础。他们可以把更多的精力投入到加强田间管理、提高果品质量安全上来，促进了大樱桃生产的良性循环和高质量发展。

2019 年，农场又把目光转移到运用电商平台销售本地生产的反季葡萄上来。七顶山街道付家村是省级葡萄生产专业村，全村冷棚葡萄种植面积达 3 500 亩，年产量达 6 500 吨，曾经占东北地区反季葡萄销售量的 50% 份额。但由于近年来周边地区反季葡萄迅猛发展，付家村优势不再、葡萄价格持续下跌，优良的"巨峰"葡萄却没有卖出应有的价钱，主要原因就是销售方法落后、销路不畅。为了帮助付家村销售葡萄，大连向日葵农场紧紧抓住"首届金普新区购物节"机会，在大连经济开发区大剧院成功举办了声势浩大的"付家村葡萄文化周"和"付家村葡萄品尝会"活动，邀请全国各地水果经销商以及抖音、微信公众号、微博、今日头条等媒体，进行广泛宣传推介。通过免费品尝、促销、接受采访、线上线下互动，改革葡萄包装方法，将生产过程、生产者信息、检测结果等信息制成溯源码，公布销售平台二维码等方法促进销售，使付家村葡萄总体销售价格提高 12% 以上，并在预期时间内售完，总收入达 6 000 万元。

主要做法	保证农产品质量安全	· 普及农业标准化生产和无公害技术 · 不断优化农业基础设施和生产环境
	转变农民营销观念	· 开展大樱桃网络销售"秒杀"活动 · 赴各村指导电商平台建设和网络营销知识
	带动物流业务开展	· 每年6~7月"樱桃季"里，各物流企业在七顶山街道各村设立大樱桃快递点100多个
	带动其他农产业发展	· 如今电商平台开始销售本地反季葡萄，线上邀请各媒体进行广泛推介宣传，线下开展免费品尝、促销等活动

三、利益联结机制

作为现代化的农业企业，大连向日葵农场用实际行动在抓好自身建设、开拓业务、完善各项管理、实现高质量发展的同时，心系"三农"，为推进农业更强、农民更富、农村更美倾尽全力。通过电商平台拓宽农产品销售渠道，让农民们吃下"定心丸"。为进一步落实新发展理念，提高农民的组织化程度和技术水平，大连向日葵农场热心帮助各村成立农民专业合作社，通过合作社向农民传授农业科技知识，提供货真价实的农用物资，反馈市场信息，加强农产品质量安全管理，抢占市场。目前，七顶山街道已建成农民专业合作社 44 家，发展成员 8 000 多名，形成"企业＋农户""合作社＋农民"的管理模式和互帮互助、相互依存的利益联结机制。其中，有 2 家专业合作社获得"全国农民专业合作示范社"称号。

老虎山村水果专业合作社通过合作社带成员、成员带果农的管理模式，大力调整和优化农业结构，推动大樱桃生产持续发展，种植规模不断扩大，全村 8 000 亩耕地实现了大樱桃全覆盖，970 户农民家家有果树、户户有收入。2019 年，仅大樱桃收入人均就突破 7 万元。梅家村是省级蔬菜生产专业村和大樱桃生产村，村里成立的果蔬专业合作社对全村土地进行科学规划，大力发展设施农业，建成"国家级蔬菜标准园"，让村民在现代农业发展中稳定增收。目前，七顶山街道的 6 800 户农民每户都有合作社帮带。农民收入的不断提高，吸引了越来越多的外出务工人员、退伍军人和大学毕业生返乡务农、创业增收。

四、主要成效

农业电商是现代农业发展的必然产物，大连向日葵农场结合本地实际，调整经营目标，扩大经营项目，解除农民后顾之忧，推动现代农业持续发展，并取得了良好的经济效益、社会效益和生态效益。

1. **经济效益**　长期以来，七顶山街道以粮食和黄桃生产为主，4.5 万亩耕地每亩平均收入只是 200 元。市场经济体制建立后，土地承包到户，农民有了更多的经营自主权，并根据本地的自然条件进行大规模的农业结构战略性调整，土地产出率和农民收入大幅度提高。但受市场销售制约，农产品卖难的问题一直困扰着农民，优质农产品无法实现自身价值。随着电商平台的建立和应用，打开了销路，农民增收步伐不断加快。拉树山村果农王玉兵从事过粮食生产，又当过渔民，最后当上了果农。2019年，他家的17亩大樱桃收入达70万元，是种粮食收入的200多倍，是打渔收入的10倍。七顶山街道依托现代农业的发展和现代化销售方法，土地亩均收入已达2万元，比种粮、种黄桃收入提高100多倍。

2. 社会效益　物质决定意识。有了丰厚的收入，农民的文明程度普遍提高。近10年来，全街道没有发生过一起群众上访事件、黄赌毒丑恶现象、邪教活动和安全生产事故，形成了经济持续发展、干群关系融洽、社会和谐稳定、农民安居乐业的良好局面。

3. 生态效益　持续推进的农村人居环境整治和美丽乡村建设，使全街道天更蓝、水更清、山更绿、空气更清新，农民的幸福指数不断提高。

五、启示

大连向日葵农场经过多年的探索和实践，不断调整经营策略，紧密结合本地区农业发展实际，聚焦农产品销售管理，率先在本地区搭建电子商务平台，把农产品线下交易流程搬到网上。平台搭建既保证了资金安全又节省了交易时间，打破交易的地域限制，实现跨地区销售，使农产品销售渠道更畅、市场占有率更高；既有效解决了农产品卖难、卖贱问题，又推动了农业产业化加快发展。大连向日葵农场探索出来的以市场为导向、以经济效益为中心、以农户为基础、以龙头企业和专业合作社为纽带的农业产业化经营模式，通过市场机制，将农业的产前、产中、产后三者联结为一个有机的产业体系，实现了产加销和农工商一体化经营，有效缩短了生产与消费的距离，促进了农业产业化进程的不断加快。

大连向日葵农场实行的"企业＋农户"经营方法，促进了农业生产更加智能便捷。主要表现为：一是减少生产的盲目性，农户根据市场需求变化，调整生产品种，促进本地大樱桃、葡萄、蔬菜等优势产业加快发展。二是降低销售成本，提高交易效率，农户可在互联网上随时获取信息、联系用户，减少中间流通环节和费用，加快交易频率。三是打破时空限制，电商平台冲破条块分割的市场格局，摆脱区域性市场限制，实现跨地区乃至跨国界的网络销售。四是实现农产品流通的规模化，将少量的、单独的农产品交易集中起来，明码标价，各方利益都能得到保证。五是方便对农民的教育和培训，对农民的教育和培训更具有针对性。让农户随时了解最新农业生产技术和市场动态，不断提高农民的科技文化素质，有利于新技术的传播，对于深入实施乡村振兴战略具有重要意义。农业电商是现代农业发展的核心环节，连接生产和消费两个方面，在深入推进农业供给侧结构性改革中发挥着不可替代的作用，应以更大的决心、更完善的措施推进发展，取得更大的成效。

辽宁铁岭：丽芊电子商务有限公司

> **导语：** 近年来，国家高度重视"互联网＋农业"的融合发展，大力发展县域电商是全面推进乡村振兴、促进县域传统产业转型升级、打赢脱贫攻坚的重要抓手。2016年8月，辽宁省铁岭县委、县政府引进农村淘宝项目，并委托丽芊电子商务有限公司负责项目的运营。3年来，在政府的支持下，通过建设辽宁省公益型专业化农村"创新创业"省级众创空间，对县域内"县、镇、村"农村淘宝三级网络体系和物流配送体系布局，找到了在农产品全产业链上通过创业带动就业和促进农民增收致富的渠道，完成全县的"工业品下乡和农产品进城"模式探索。按照"一体两翼"建设思路，通过升级农村淘宝项目和县域"铁岭大米"农产品公用品牌建设，打造出铁岭县域电商发展模式，搭起产销对接"桥梁"，推动全县现代农业发展和农业品牌建设，取得了一定成效。公司成为推进农民脱贫和增收致富的"窗口""平台""助推器"。

一、主体简介

辽宁省铁岭县丽芊电子商务有限公司作为铁岭县发展县域农村电商政府第三方合作企业，是由铁岭县海春园寒富苹果种植专业合作社牵头，联合辽宁智得众创企业有限公司、沈阳晴讯科技公司共同成立。合作社成立于2012年9月，理事长邓春依是铁岭市劳动模范、铁岭县政协委员。该电商公司注册资金380万元，员工20人，合作社成员102户，是阿里巴巴集团农村淘宝项目铁岭县指定的唯一运营商。自2016年8月县政府启动农村淘宝项目，公司现已发展成集农村淘宝服务中心、农特产品全景体验店、物流配送、创业孵化、电商研究、农产品仓储、产地初加工、线上线下销售于一体的小微企业。在县委、县政府的指导下，公司注册了铁岭县区域农产品公用品牌"凡河源"品牌，便于全县特色农产品统一策划、宣传、销售。公司实行"互联网＋龙头企业＋合作社＋基地＋农户"的经营模式。通过3年多的运营，公司旗下合作社苹果种植面积2 000余亩、榛子种植面积1 000余亩。同时，长期合作的水稻企业及合作社20家。2018年4月，承接了"铁岭县农产品区域公共品牌"建设项目。2019年1月，项目开始正式初期试运营，在众多铁岭当地国家级地理标志保护产品中挑选出最具代表性的"铁岭大米"区域公共品牌，作为铁岭农特产品的代表进军新零售时代；同时，在铁岭县升级农村淘宝项目为"天猫优品服务站"，建设铁岭县第一家服务站。

二、模式简介

1. 发展模式 公司实行"互联网＋龙头企业＋合作社＋基地＋农户"的"铁岭模式"经营。

本着"培养一批电商人才、扶持一批新兴企业、带动一县产业升级、服务一方精准扶贫"的总体思路，结合"一县一业""一乡一品""一村一特色"的农产品开发战略，按照"资本推动、培育品牌、带活产业、富裕农民"运营思路，打造铁岭农产品上行新品牌，共同开创铁岭县"大众创业、万众创新"的新局面。

2. 发展策略

（1）发展核心理念。公司坚持"诚信、务实、卓越、创新"的经营理念，以"服务'三农'、惠及民生、共创价值"为服务宗旨，全身心投入铁岭县农村电子商务发展建设中，满足农民和新型农业经营主体的产前、产中、产后全产业链的信息化服务，服务全县现代农业发展。

（2）发展模式概况。"一体两翼"的建设思路："一体"是指铁岭县农村淘宝运营服务中心，即"铁岭县农村电商创业孵化基地"；"两翼"，一个是"铁岭大米"农产品公用品牌建设项目，另一个是铁岭县、乡镇、村的三级网络服务体系的服务站升级项目。

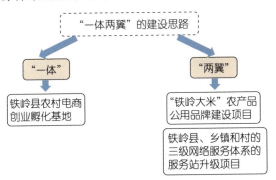

发展模式以"铁岭大米"县域电商建设模式为例。在县域农产品公用品牌建设中，以铁稻大米、嘉强大米两家米企为"龙头企业"。丽芊公司作为"互联网"公司，借助阿里巴巴、京东等多个平台，做好大米产业全产业链的终端销售端网络营销全部工作。以"网络平台"销售大米需要标准化、品牌化的网货产品，倒逼"米企"加强产品的初加工和深加工快速发展；倒推大米"种植合作社"、种粮大户和农户等加强规模化、个性化和标准化种植，提高农产品附加值，实现与物联网的农产品追溯体系有效结合，实现铁岭大米作为地理标志保护产品在全国享有较高的知名度和市场占有率，实现"互联网＋龙头企业＋基地＋合作社＋农户"的发展模式。

铁岭大米旗舰店的开设确立了通过铁岭大米的销售来实现"优质农产品进城"及"互联网＋农业"。通过将"三确一检一码"引入阿里巴巴平台，建立起一整套从种子、土地、农户、米企到线上销售渠道的铁岭大米追溯体系，进而建立铁岭大米在互联网的品控标准及追溯系统，有效规范线上市场，扩大铁岭大米在线上的影响力和市场份额。并依此为铁岭大米正名，为铁岭县的诚信米企正名，让消费者在阿里巴巴购买的每一粒铁岭米，都是正宗的、放心的食品。

（3）县域"铁岭大米"公用品牌"五化"发展策略。力争为县域电商发展在"商品化、本土化、品牌化、电商化、立体化"5个方面着力。

企业方面产品要"商品化"：以"铁岭大米"为全产业链主线，与合作企业共同研发产品如何变化网货开发出5～10个新品种、申请专利及注册商标，成果转化并打造出新品牌。

运营主体方面服务要"本土化"：建设本土化电商平台。

政府主导方面产业链要"品牌化"：对接县政府2019年在全县实施的"42度铁岭"政府农产品公共品牌项目，实现"政府-县域-企业-产品"4级品牌体系建设和制度建设方案。

消费者方面生产全程要"电商化"：结合铁岭县农产品追溯体系建设，实现产品销售电商化。

渠道建设方面要多元"立体化"：研究新商业、新零售模式，拓宽销售渠道路径关键技术。

"五化"发展策略		
	商品化	• 企业方面产品要"商品化"：以"铁岭大米"为产业链主线，与合作企业研发新品种，打造新品牌
	本土化	• 运营主体方面服务要"本土化"：建设本土化电商平台
	品牌化	• 政府主导方面产业链要"品牌化"：建设"政府-县域-企业-产品"四级品牌体系和制度建设方案
	电商化	• 消费者方面生产全程要"电商化"：结合铁岭县农产品追溯体系建设，实现产品销售电商化关键技术
	立体化	• 渠道建设方面要"立体化"：研究新商业、新零售模式，拓宽销售渠道路径关键技术

3. 主要做法 公司自成立以来，联合省内外专家学者，组建专家服务团队，并联合部分乡村振兴第一书记组成联合创业团队，确立"立足铁岭、辐射东北、走向全国"的农产品线上线下新商业模式的工作思路，取得了一定成效。

（1）初创期。借力"农村淘宝"项目，建设县域农村电商孵化创业基地。按照农村淘宝项目模式，铁岭县政府与阿里巴巴集团合作，在县域层面建立公共服务中心，并提供宣传、财务、场地、培训等方面支持。在2016年6月至2017年6月一年的时间里，公司结合项目实际从开始借鉴浙江丽水县域电商模式经验，打造区域电商孵化器，遵循"政府投入、企业运营，公益为主、市场为辅"的建设模式，到逐步探索参考"遂昌模式"。通过线上线下融合、全网营销，通过建立明星谢永强淘宝店铺，在"双十一"通过活动创造了当日销售铁岭苹果1.5万千克的记录。建设网店协会，建立"政府＋农户＋合作社＋网店协会＋淘宝网"多方负责的品控机制，发挥好领军人物的示范带头作用，建设出一个龙头企业，打造一支电商团队，塑造一个农产品品牌。以"创业平台产业链整合型模式"整合资源为根本途径，致力于建设"产学研创孵投"的大平台、大联盟，采用"市场主导、政府搭台、企业唱戏"的运营模式，现已建设集农业双创孵化区、O2O农特产品体验区、多功能会议室、创业培训、路演交流、双创成果展示等服务功能区，具备"拎包即住"的创业条件，实行"八免"的优惠政策，为创客提供场地、技术、资金等支持。由铁岭师范高等专科学校、县科技特派员共同组成专业服务团队构建双创孵化体系为各类创业人员服务，助推铁岭区域公用品牌建设。并结合铁岭县农村淘宝项目运营的县、镇、村三级网络体系，整合资源，与高校等共同开发本土电商平台申请知识产权5个，实现科技成果转化。为全县创业创新搭建平台，通过电商扶贫，已共同完成60个村小二镇村级站点创业人才培养、10个科技型农村电商创业企业的孵化、20个创业项目的申报、5个创业成功企业和6个正在开展的创业项目。在全县初步实现"农产品进城、工业品下乡"，为解决农民生产、生活、消费等相关问题找到了突破口，在全县范围内解决了农民"买难"问题，实现了"工业品下行"，通过淘宝年交易额6 000万元。项目带动县域电子商务发展，促进地方传统产业特别是农产品加工业走上信息时代县域经济的发展道路。

（2）成长期。加入"供销电商"国家队，打造电商扶贫超市。目前，在农村电商发展中，农产品上行还没有形成较强推广意义的方法和模式。公司积极加入供销社电商运营中心，并与铁岭市农委、市扶贫办在全市选取鸡冠山扶贫基地、昌图农村林扶贫村等5个扶贫试点单位，打造出"政府搭台、企业唱戏、高校推动"的电商扶贫新模式。从 2018 年 1 月先后用 4 个月时间，共同完成"铁岭电商扶贫超市"平台开发建设工作。此项目在同年 5 月参加辽宁省"创青春"公益创业大赛项目中获得二等奖，公司于 2018 年 12 月将此平台申请了国家软件著作版权，分别为"铁岭供销e家扶贫超市 1.0""丽芊电商平台 1.0"。公司完成了县域本土电商扶贫平台和本土电商平台的搭建工作，并利用平台开展了两次"铁岭县电商扶贫"公益活动。2018 年 8 月，成功携手顺丰大当家将鸡冠山乡产业扶贫项目小米近 15 000 千克销售一空；10 月，销售铁岭红薯近 5 万千克、铁岭苹果 1 万余千克、铁岭酸菜 3 000 余箱。自此，公司构建起具有铁岭特色的电商扶贫新模式，即"政府＋乡村振兴第一书记＋大学生创业团队＋电商企业＋基地＋合作社＋农户"。

2018 年 4 月，在铁岭县政府的支持下，结合当下新零售模式，将"农村淘宝"项目和农特产品全景体验店进行升级。2018 年 8 月 30 日，公司迁入新址，与铁岭县明星杨树林合作在沈阳市浑南区开设铁岭县农产品直营店，利用粉丝效应进行宣传起到了良好的效果，并成功地将铁岭苹果、大米、榛子等产品对接到无锡朝阳集团农贸市场。通过南北呼应，先后开展了铁岭县电商精准扶贫活动 5 次，借农村电商渠道助力铁岭县开展精准扶贫工作。公司为铁岭市高素质农民培育基地、铁岭县基层农技推广培训基地、团市委青年电商培训基地，培训高素质农民、村小二、青年电商人才、合作社、家庭农场近 1 000 人次。在电商办公室的指导下，与铁岭师范高等专科学校名师团队合作，成功申报省科技厅项目并于 2018 年底被评为省级众创空间。此外，开发铁岭县电商扶贫超市，并取得自主知识产权，还积极申报了人力资源和社会保障局的农村电商孵化基地。

（3）发展期。创新模式，打造区域公用品牌，加快推进乡村振兴。2018 年 4 月，经县委、县政府批准，丽芊电子商务有限公司承接铁岭县农产品区域公用品牌建设项目和阿里巴巴农村淘宝升级版的"兴农扶贫"天猫优品服务站建设项目。经过大量调研，2018 年 10 月，两个项目开始进入筹备阶段，并于 2019 年 1 月 30 日开始运营网上"铁岭大米天猫旗舰店"，2019 年 5 月 15 日"天猫优品电器店"正式营业。铁岭县农村电商项目的"工业品下乡和农产品进城"全面进入品牌化时期，开启了铁岭县农业品牌化的新纪元。

2019 年 1 月，天猫"铁岭大米官方旗舰店"正式上线运营。随着阿里巴巴的转型升级，借势成立了铁岭大米旗舰店，运营半年就销售铁岭大米 30 000 余单，共计 60 余吨。入驻店铺米企近 10 家，使"铁岭大米"

"兴农扶贫"天猫优品服务站建设项目

区域公共品牌飞跨 15 个省、3 个自治区的 120 多个城市，被端上全国消费者餐桌，成为主粮新宠，好评如潮，直击东北大米前三名，为铁岭农产品区域公共品牌发展起到良好的效果。在实现产业脱贫的同时，品牌价值也在极速攀升，让老百姓减负增收，实现产业脱贫。不仅促进政府税收，还提升就业率。

2018 年 4 月，公司承接"铁岭县农产品区域公共品牌"建设项目。2019 年 1 月项目试运营，最终在众多铁岭当地国家级地理标志保护产品中挑选出最具代表性的"铁岭大米"区域公共品牌，作为铁岭农特产品的代表进军新零售时代。现已培育出 20 余家铁岭大米现代化专业种植合作社，子品牌孵化 40 余个。同时，在铁岭县升级农村淘宝项目为"天猫优品服务站"，建设铁岭县第一家服务站。

初创期：借力"农村淘宝"项目，建设县域农村电商孵化创业基地

主要做法

成长期：加入"供销电商"国家队，打造电商扶贫超市

发展期：创新模式，打造区域公用品牌，加快推进乡村振兴

三、利益联结机制

1. 公司采用折股量化机制　通过与龙头企业或基地农户建立稳定的订单生产等方式合作，引导农户自愿以土地经营权入股，采取"保底分红＋按股分红"或"公司＋基地＋合作社＋农户"等方式，让农户分享加工销售环节的收益。例如，从 2019 年 1 月起，公司与铁岭铁稻大米有限公司合作，每户农户在全产业链各环节分红获利 2 000 元、企业增收 80 万元。

2. 合作社与建档立卡贫困户采用入股分红的方式　建档立卡贫困户将扶贫款入股合作社，合作社以分红形式回馈贫困户，按每股 500 元使贫困户增收。实施创新公益扶贫活动。2017 年，合作社利用新营销模式，在 10 月丰收季网红直播售卖活动中，将前 500 单的销售额作为公益扶贫资金，贴补到镇扶贫基金会。

3. 合作社与农民采用新的利益联结机制　合作社除采用林地、设备、资金入股外，还在东北农资物流基地建成了 2 000 立方米水果仓储冷库，提供初加工服务，延长产品保鲜期，利用互联网走向全国，增加种植户的利润空间，到年底分红，每户种植户年增收 1 000 元。入社社员从最初的 10 户发展到现在的 102 户，辐射周边农户近 500 户，栽培寒富苹果 2 000 余亩。到 2018 年，合作社销售优质果品 50 万千克，销售收入 300 万元，户均纯收入 20 000 元，与 2017 年同比增长 10％以上。农民加入合作社后，利益得到了有效保护，增强了合作意识，同时也促进了规模化生产。

四、主要成效

1. 经济效益　3 年来，公司运用"互联网＋"思维，依托多个电商平台整合全县资源。例如，创造铁岭苹果日销售 15 000 余单近 5 万千克的记录。通过开展电商扶贫，全县参与项目的贫困户每人最低增收 500 元。"铁岭大米"品牌发展对铁岭的经济价值变化明显。截至目前，通过"铁岭大米"的全国销售，使得铁岭水稻同比上涨 0.1 元，稻农增收超过 1 亿元。截至目前，共计成交 20 万单，覆盖全国 20 万个家庭，已有超过 70 万人吃到正宗的"铁岭大米"，网络市场的曝光率高达 550 万次。通过县域电商产业的发展，创业带动就业，增加就业岗位 100 个，岗位上的各类工作人员每人平均增收 300 元。

2. 社会效益　农村淘宝项目被农业农村部选为 2018 年度全国优秀农村电商案例，公司获得省级众创空间等 5 个标签。理事长被选为全国农业创业创新典型，获得铁岭市劳动模范等多种荣誉。专家顾问团专家、省名师蔡莉及时把产业发展成果提炼总结，为政府决策提供参考依据。"铁岭大米"区域公用品牌实施以来，把正宗的铁岭大米向全国正名、向全球正名，实现了铁岭县农业经济的崛起。

3. **生态效益**　县域电商体系建设和发展为农民合作社"五统一"生态闭环建设提供了网络销售平台。同时，区域公用品牌建设依托县域电商体系实现品牌的"五化"，提升了农产品的生态效益。

五、启示

几年来，电商发展的火种是"星星之火可以燎原"。但是，在发展过程中仍存在一些问题：一是由于电子商务平台和商品众多，商家竞争激烈，推广成本高昂，品牌意识不够，营销能力不足；二是物流成本高，相关政策支持少，在大批量做活动时的战略性亏损较大；三是人才匮乏；四是基础设施落后；五是品牌知名度低，在品牌推广方面仍需要投入大量的资金。

公司在今后的发展中将继续坚持以农民为主体、服务与经营并举，上联市场、下联农民，组织和带领广大农民发展产业化经营，走共同致富的道路。真正布局全网电商渠道，做到电商渠道全覆盖，通过品牌推广、物流补贴、人才培养、物流配送、明星代言等方式提高品牌公信力和知名度。公司计划追加300万元投资，争取实现年销售额2 000万元、当地利税200万元，实现铁岭大米销售突破250万千克，单量总计超过100万单，将铁岭大米品牌输送至全国上千个市县区，覆盖200万个家庭，实现70%的复购率。通过区域公用品牌建设，组织和带领农户发展产业化经营，借助"互联网＋"的模式，把铁岭农产品推向全国。

辽宁东港：圣野浆果专业合作社

> **导语：** 承载着独特的气候和资源的禀赋，盛产于鸭绿江与黄海交汇处的辽宁省东港市的草莓、蓝莓等小浆果，近10年来走遍大江南北，远销世界各地，引领着小浆果种植营销的新潮流。
>
> 靠着种植草莓、蓝莓、奇异莓等小浆果，靠着对黑土地的痴爱和对梦想的执着追求，从一个北漂打工仔到今天的草莓状元，马廷东说自己有一个梦想，"让种植草莓成为令人美慕和向往的职业。"一个朴实的初衷，让他开始了农业领域的探索。线下十年积累，线上一年化蝶。马廷东凭借着高标准化的科学种植模式，让越来越多的农民跟他一起种植草莓，过上了"莓"好生活。如今，他们一起搭上电子商务的大船，与时代接轨，引领东港草莓产业再创辉煌。

一、主体简介

1. 创业故事 1995年，刚刚17岁的马廷东初中毕业后，与大多数农家孩子一样外出打工。在北京打工，他一干就是8年，其间经历了无数次创业的坎坎坷坷和艰难抉择。然而，靠祖祖辈辈土里刨食的执着心劲，他最终还是选择了回到农村，追逐着儿时的梦想，开启了黑土地上的创业。

2003年，他从北京返乡创业种植草莓。由于不懂科学种植，刚开始的时候他就栽了跟头，把仅有的几万块钱都赔进去了。后来，他了解到科学种植的重要性，便开始认真学习草莓种植技术。两年内，他将草莓种植面积扩大到上百亩。当时的草莓主要还是作为深加工产品，渠道以出口为主，原本一片大好的市场行情让马廷东看到了希望，他觉得只要种出产量高的草莓就可以多卖钱。

然而事与愿违，看似简单的农业并非简单。由于不了解市场行情和走势，恰恰在这一年，国外草莓大丰收，国内的草莓出口订单大量减少，草莓价格大跌。而国内基本没有深加工草莓的市场，一次背负上百万元的债务，这让一个满腔热血投身农业生产的年轻人心里结了冰。马廷东从此在村里颜面扫地，各种风言风语接踵而至，他不得不去思考接下来该如何是好。

也许是机遇，也许是那份初心，但更重要的应该是恒心。马廷东梳理了自己的失败过程，经学习考察后，他决定成立合作社，靠科学种植好吃的草莓，靠标准化的操作和统一化的品牌，与农户共同创业、共同致富。2008年，马廷东发起成立了圣野浆果专业合作社，并被选举为理事长，从而开始了带领合作社成员一起创业的历程。

2. 合作社简介　圣野浆果专业合作社位于享有"中国草莓第一县"美誉的辽宁省东港市十字街镇赤榆村，是一家以服务成员为宗旨、谋求全体成员共同致富的互助性经济组织。合作社成立于2008年，理事长马廷东，注册资金1 120万元。10多年来，合作社由最初的单一草莓种植发展到集蓝莓等特色新品种选育、种植、收购、初级加工和销售于一体的综合服务体。合作社拥有果品包装厂、苗木提纯繁育中心、果品供应链管控中心、果品检测及分选冷藏包装厂、"12316"信息化中心、物联网与电商运营中心、物流配送中心等多个部门，种植基地达1.2万亩。合作社先后获得全国农民专业合作社示范社、全国农业农村信息化示范基地、农业电子商务示范合作社、全国农民专业合作百强社、全国百家合作社百个农产品品牌、第十六届中国国际农产品交易会金奖、第二届世界品牌草莓大会全国十大好吃草莓等荣誉称号。

二、模式简介

1. 模式概括　合作社采取"九统一管理"模式。众所周知，农药残留是包括草莓在内的生鲜水果业普遍面临的市场信任难题。为了从源头控制农药残留、提高果品品质、赢得消费者信任，合作社高度重视农产品质量安全，按照出口产品和放心农产品质量标准生产要求进行"九统一管理"，即统一种植品种、统一投入供应品、统一种植技术、统一技术培训、统一标准收购、统一溯源监管、统一分选包装、统一物流配送、统一品牌营销。为了让合作社产品在生产环节更为透明、直观、可控，合作社尝试使用物联网的手段从源头把控，让产品生产全流程可追溯。综合利用网络技术、射线技术、条码识别技术等，合作社建立起集网站、POS机、短信和电话号码于一体的多终端农产品质量追溯系统，合作社给每户成员发放智能手机，并派技术员指导农户拍照。农户成员将草莓生产的全程信息采集并上传到追溯平台，最终在追溯平台上公开展现，从而实现产品"质量可监控，过程可追溯，政府可监管"，让群众放心食用，让政府宽心管理。草莓上市以后，消费者只要扫描包装上的二维码，就可以直观了解草莓的生长全过程，全程可视化，安全又放心。

统一种植品种
统一投入供应品
统一种植技术
统一技术培训
统一标准收购 "九统一管理"
统一溯源监管
统一分选包装
统一物流配送
统一品牌营销

2. 发展策略 打造自有品牌，把好品质化为好口碑。与传统销售渠道相比，电商具有效率高、市场潜能大等独特优势。但是，不少电商渠道都不愿给其他企业做品牌。合作社通过电商销售，基本上就是给电商供货，然后电商打自己的品牌销售。为了让合作社生产的"安全草莓"卖个好价钱、赢个好口碑，合作社开始了自有品牌创建。马廷东在合作社专门成立一支由 7 个人组成的技术研发团队，与沈阳农业大学、辽宁草莓科学技术研究院、优果联和优农道（北京）科技有限公司合作，从种苗选育、土壤改良、小浆果投入品着手，提升栽培管理技术，全方位研发升级产品包装、产后处理、仓储物流等。在马廷东的带领下，合作社的技术研发团队先后研发出草莓后墙立体栽培技术、秸秆栽培技术、红颜低温冷藏促早栽培技术，获得丹东市科技进步奖二等奖。通过技术改进，丹东红颜草莓上市时间提早 1 个月以上，成为全国红颜草莓最早上市的地区，售价最高达到每千克 200 元。这项技术对合作社的竞争力提升和丹东草莓种植户经济效益提升起到了至关重要的作用。

3. 主要做法 第一，合作社注册了"圣野果源"商标。草莓成熟以后，合作社统一收购、统一分选包装、统一贴标，每一个包装盒内都有种植户的姓名和编号，以便于追溯。第二，合作社与当地农委合作设立了12316 座席。利用 12316 金农热线和移动互联网络收集发布供求信息，及时为成员提供市场信息服务。第三，筹办草莓大赛，提升品牌知名度。合作社 5 次成功举办丹东"圣野果源杯"草莓大赛，参赛的草莓要通过农药残留检测方可获得参评资格。来自省内外的草莓专家和当地的草莓种植户代表从果型、硬度、口感等各方面给草莓打分，综合评比后选出草莓鲜果金、银、铜奖，以及"果品大王"、草莓大赛"总冠军"等奖项。草莓大赛很好地宣传了"圣野果源"的品牌形象，引领当地草莓产业登上了一个新高地。

在圣野浆果专业合作社的温室草莓大棚里，装有各种摄像头，可以通过电脑或者手机随时随地远程查看大棚内草莓、蓝莓的生长情况以及各设备的运行状态和农户的生产情况。有了这个"千里眼"，管理人员可以做到远程轻松监控和管理作业生产，节约了劳动成本，提高了生产效率，为产品质量的可追溯奠定了基础。温室里面还有温湿度传感器、光照度传感器、土壤温度传感器、土壤水分传感器、自动温度控制设备等构成的温室智能监测系统，管理者可根据采集到的数据信息及参数变化实时调控或自动控制温控系统、灌溉系统等，以确保草莓在最适合的环境中生长，保证果品质量。合作社的技术员杨远杰介绍说："示范基地主要承担新品种和新技术的试验示范、苗木繁育、物联网、农产品质量安全溯源体系探索等。像草莓冷藏促早栽培技术，可以让草莓提前一个月上市。我们技术人员定期到农户大棚内做技术服务，一天要跑几十户。"

通过质量安全追溯平台将温室大棚档案录入系统（包括温室的地址、面积、管理者），实现合作社对成员生产过程信息等的实时记录、生产操作预警、生产档案查询和上传，后台监管技术人员对合作社生产操作规程严格把关，杜绝一切违规操作。东港市马家店镇双山西村的合作社成员张静说："我家有2个棚，种草莓10多年了，加入合作社后销售不用操心。我们只管种好，种植标准也是统一管理，有技术员测土把关。"

合作社将每个温室中的草莓、蓝莓采摘后贴上代表每个温室的二维码，区域负责人上传产品信息后由合作社车辆运送至分选中心，进行农残检测后进行分选包装，并粘贴查询二维码后配送到市场，实现产品从产地到消费者全程安全管理。合作社综合利用网络技术、射线技术、条码识别技术等，实现了集网站、POS机、短信和电话号码于一体的多终端农产品质量追溯系统，并将采集到的信息即时传送到追溯平台，最终在追溯平台上进行全流程的展现，实现了圣野果源品牌"质量可监控，过程可追溯，政府可监管"，让群众放心食用，让政府宽心管理。

为了拓宽销售渠道，解决成员产品销售难的后顾之忧，合作社除了与电商合作之外，探索建立了多元化的销售网络，进一步提升了产品销售能力。合作社注重媒体和社交宣传，积极参加各地农产品展览会和农产品交易会，寻找多方合作伙伴，探索农超、农企、农校、农社等产销对接新路子，逐步采取"农户＋家庭农场＋示范基地＋合作社＋科研院校＋协会＋公司＋超市＋社区生鲜连锁直营店＋生鲜电商"，统一种植品种、统一投入供应品、统一种植技术规程、统一技术培训、统一标准收购、统一溯源监管、统一分选包装、统一物流配送、统一品牌营销的创新模式即

"10＋9"统一模式。

合作社积极探索农村电子商务模式，经过学习和分析，生鲜电商目前分为平台式电商、垂直类电商、社区社群电商、自媒体电商和短视频电商。合作社根据不同的电商运营模式，在产品和运营上高度匹配。例如，在天猫生鲜、拼多多、京东等电商平台上，合作社组织了一支专业的平台式电商运营团队。通过进入淘宝电商运营大学进修，团队内的电商运营拥有了电商大视角；通过细致化的精准运营，短短两年就把一个普通的天猫水果店做到了草莓类目的前三位，并得到天猫生鲜总部的高度认可。一个线下沉淀10多年的种植基地，能在电商浪潮中披荆斩棘，扛起东港草莓电商的大旗实属不易，而这一切的成功离不开一朝一夕的积累。合作社从2015年开始探索电商一件代发模式，4年的时间就在产品的筛选标准和包装防护上测试了上千次。针对丹东地区的实际情况，涉及很多需要解决的问题。例如，草莓本身属于浆果，具有保质期短、自氧化能力强、质地软糯等特点，必须在包装材料上下功夫。在保证包装材料健康、无毒、无味的前提下，还应该对草莓起到极佳的保护作用。不同的包装对应不同的防护，还有丹东地区冬季的严寒天气，为防止冻伤，合作社无数次地模拟测试各种环境，选出最合适的防冻措施，从行业内无人去做到引领行业不断创新。这一路挥洒的不仅仅是汗水，更多的是失望和成功交织在一起的泪水与笑容。正因为有了千百个日夜的努力，才有了今天天猫年货节的绽放。成功没有偶然，坐享其成永远会比科技创新差那么一小步，这一小步就是成功制胜的法宝。成熟的防护和时尚的设计元素，让终端消费者认识了圣野果源草莓。电商团队分析产品市场优势时发现，消费者中70％的消费群体是25～35岁的朋友，而这些人中85％为女性消费者。因此，团队内产品设计师会根据这一部分人的需求，做出真正适合消费者的包装形式。大数据分析至关重要，平台式电商的关键是数据分析，这一点合作社非常清楚。

在垂直类电商和社区社群电商模块，合作社与环球捕手、每日一淘等探索合作，不断赋予产品灵魂。这类电商以服务为主，从这一板块中，合作社打造了一支客服铁军，24小时有人在线，解答服务任何问题，严谨与服务融合得恰到好处。

在自媒体营销方面，合作社通过快手、抖音、今日头条、微博、微信公众号、小程序商城等多角度展示产品形象和文化内涵，让消费者深切感受到草莓流淌着爱、弥漫着香。企业文化注重"我为人人、向上向善"。这一理念不断融入产品，通过自媒体得以宣传，深入人心。

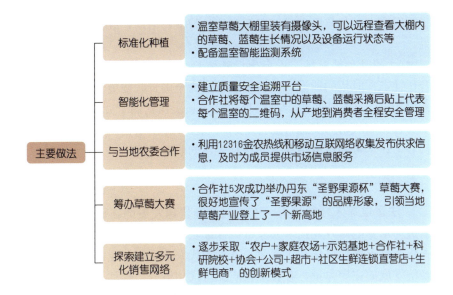

三、利益联结机制

圣野浆果专业合作社不断发展壮大，尤其是线上和线下双维度销售渠道的结合，使合作社步入了快速发展的道路，带动能力不断增强。合作社从最初的 6 户成员发展到现在的 157 户成员，种植面积超过 1.2 万亩，最高日销售草莓 5 万千克，年销售额突破 8 000 万元。

在马廷东的带动下，小浆果成为丹东农民的致富果，成员户均年收入 20 万元以上，还带动周边 10 多个乡镇 30 000 余户农民从事小浆果种植。马廷东在自身发展的同时，不忘贫困群众，带动东港、凤城、宽甸、振安、振兴及大连庄河地区贫困户，从种苗提供、技术指导、管理和销售服务等方面帮助发展草莓种植，助力脱贫致富。

四、主要成效

合作社与地利生鲜、百果园、优果联、果多美等南北生鲜连锁超市进行营销合作，不仅在东北地区市场，在北京、广州、深圳等大城市市场也谋得一席之地。目前，合作社产品以自有品牌进驻了天猫、京东、拼多多等大型电商平台，合作社的草莓销售半径由过去的 500 千米扩大到现在的 3 000 千米。销路的畅通，增强了合作社成员进一步扩大生产的动力和底气。特别值得一提的是，合作社积极备战 2019 年天猫年货节，合作社"圣野果源"水果旗舰店草莓在首日销售量突破 1 万单，销售额突破 100 万元，成为天猫店铺当天唯一销售额破百万元且发货无差评的水果店铺。

天猫年货节的成功，也激发合作社在东港市政府的支持下，与天猫合作举办了首届东港蓝莓节暨天猫正宗原产地品牌推荐活动，取得了良好的营销效果。

"好水果从种植开始，乐享生活新体验。"过去的 10 余年，马廷东带领合作社走在时代的前沿，他自己也被选为全国青联委员、辽宁省第十三届人大代表，并担任东港市小浆果协会会长。在党的十九大精神指引下，围绕乡村振兴战略的实施，他将继续带领合作社不断创新，守护农人匠心的初心，让草莓种植成为令人向往和羡慕的职业。

五、启示

1. 注重电商人才的培养　在农村电商快速发展的新形势下，亟须大量引进与培养电商专业技术人才，以保证农村电商持久稳定地发展。而新农人作为具有现代科学文化素质、掌握现代农业生产技能的一批人，是农村经济发展的主导力量，有着加快农业现代化进程、推动产业融合的突出作用。

2. 强化政府与协会的引导　政府和协会作为电商发展过程中的引导力量，应努力发挥其重要作用。农村电商基本上以个体农户经营为主，而个体农户往往会将个人利益放在首要位置，难以顾全大局，有时甚至会因为不良竞争而造成其他农民的损失，这并不利于良性市场的形成。因此，需要政府在政策上的引导以及电商协会在电商商户之间的组织和协调，帮助他们解决经营特色产品、细化市场、避免产品同质化和恶性压价等问题。

3. 完善基础设施建设　不断完善的农村电商基础设施，能有效促进并巩固农村产业融合各模式的形成与发展。农村电商作为农村经济发展的创新形式，对农村产业融合有着举足轻重的意义；而电商发展所需的网络与交通条件，是各模式成功形成的先决条件。

辽宁朝阳：新发永业电子商务有限公司

导语： 党的十九大作出中国特色社会主义进入新时代的科学论断，提出实施乡村振兴战略的重大历史任务，在我国"三农"发展进程中具有划时代的里程碑意义。我们必须深入贯彻习近平新时代中国特色社会主义思想和党的十九大精神，在认真总结农业农村发展历史性成就和历史性变革的基础上，准确研判经济社会发展趋势和乡村演变发展态势，切实抓住历史机遇，增强责任感、使命感和紧迫感，全面推进乡村振兴战略。

一、主体简介

新发永业电子商务有限公司成立于 2015 年 7 月，注册资金 100 万元，公司现有员工 21 人，是集农产品种植、生产、加工、包装、销售以及电子商务平台建设和产业文化推广等业务于一体的新型电子商务公司，是辽西第一家农村电子商务网络公司。公司占地 120 亩，总建筑面积 6 800 平方米，主要包括保鲜库 5 000 平方米、办公楼 600 平方米、生产车间 750 平方米、库房 450 平方米。公司每年大约销售小米 30 吨，豆皮 20 万张，生产葵花籽油 50 吨，自磨面粉 120 吨，年销售额超百万元。公司现有 1 000 亩种植基地，用于种植小米、小麦、葵花籽、苹果、葡萄等农作物。公司利用"互联网＋种植基地＋深加工基地＋实体店"，采取了农产品从生产源头到终端销售的全产业链模式。公司总经理王颖创立了自己的农产品品牌"村姑进城"，利用"互联网＋品牌农业"的创新模式，在朝阳大街机场路文祥豪府开设了线下实体店，并在淘宝、京东、微信小程序、社群、朝阳大集、村姑进城官方网站等运营销售，实现了线上和线下的完美结合。企业在发展过程中，荣获了"辽宁省绿色经济发展研究会绿色产业示范基地""市龙头企业""创业先锋企业""市县电子商务考察参观基地""电子商务培训基地"以及"AAA 级证书诚信单位"等荣誉。公司秉承"科技领先、质量为本、用户至上、信誉第一"的经营理念，"开拓进取、团结拼搏、争创一流"的公司精神，立足辽宁，致力于为朝阳地方名优特产品走向市场、走向世界而不懈努力，共创民族产业的新辉煌。

二、主要模式

1. **模式概括** 采取"互联网＋种植基地＋深加工基地＋实体店"的模式。当前，农业电子商务发展迅猛，正在深刻改变着传统农产品的流通方式，成为加快转变农业发展方式、完善农产品市场机制、推动农业农村信息化发展的新动力，对发展现代农业、繁荣农村经济、改善城乡居民生活的作用日益凸显。与此同时，我国农业电子商务发展仍处在初级阶段，面临着基础设施条件差、标准化程度低、流通链条不完整、市场秩序不规范、诚信体系不健全、配套政策不完善等困难和问题；而农业是典型的传统行业，具有地域性强、季节性强、产品的标准化程度低、生产者分散且素质较低等特点，具有较大的自然风险和市场风险。这些问题亟须提高认识，采取有效措施切实加以解决。电子商务是通过电子数据传输技术开展的商务活动，能够消除传统商务活动中信息传递与交流的时空障碍。发展农业电子商务，将有效推动农业产业化的步伐，促进农村经济发展。

电子商务交易平台不仅可以拉近生产者与消费者之间的距离，使农产品不再因为地域原因而滞销，还可以简化中间环节，促进农业产业发展、增加农户收益。农产品电子交易平台的发展不仅要求提升其经销的农产品档次，同时还"倒逼"农业生产企业和农户去控制质量安全、提高农产品品质。如同滚雪球一般，越来越多的人意识到电子商务平台为农业行业带来的巨大好处，也有越来越多的人加入农产品电子商务交易平台这个"大家庭"，实现了买卖双方的互利共赢，推动我国农业产业的发展。电子商务平台实现了物资双向流动，农产品走出去，商业、工业品走进来，增加了农户收益。公司利用"互联网＋种植基地＋深加工基地＋实体店"的全产业链模式，对朝阳地区的农副产品进行平台销售，形成了线上线下O2O的市场布局，促进了双向流通格局的形成。

2. **发展策略** 公司利用"互联网＋种植基地＋深加工基地＋实体店"的全产业链模式，解决了农产品原料不足、质量不能保证等问题，覆盖了农产品种植、养殖、研发、生产、加工、销售、技术指导、管理等行业领域，通过农村土地流转，依靠土地股份合作规范化、标准化建设，按照统一种植品牌、统一管理的经营模式发展。公司投入2 000万元建设农产品深加工基地和5 000平方米保鲜库，创立了自己的农产品品牌"村姑进

城"。利用"互联网＋品牌农业"的创新模式，在朝阳大街机场路开了线下实体店，并在淘宝、京东、拼多多、微信小程序、社群、村姑进城官方网站等运营销售，实现了线上和线下的完美结合。开拓全国加盟招商机制，目前已经在沈阳、盘锦、锦州、凌海等城市开设了加盟店，实现了"网上下单、实体店发货"的电商平台运营机制。为了达到交易一体化，公司安装了 POS 机，方便了交易流程，解决了"最后一公里"，让市民们真正感受到了贴心满满的服务。

王颖，1992 年 11 月出生于辽宁省朝阳县，2014 年毕业于吉林大学法律专业，大学本科学历。在校期间，她努力学习各项专业知识并获得了会计从业资格证书。大学毕业后，她选择了创业，决心用行动来实现父母的心愿——改变家乡落后的面貌、带领农民们致富、解决大学生和农民工就业难题，把农民辛苦的收成卖出去，让城里人吃到乡村的美味。

几年的大学生涯结束后，王颖几度迷茫，没有方向，徘徊在人生的十字路口，找不到适合自己的平台和位置。所有这些，父母看在眼里，鼓励她去百姓家中走走体验生活。一次，有个农民伯伯跟她说："你们大学生毕业后都留在大城市，而你却选择回到家乡发展。说实话，农村就需要你们这些有文化、有想法的有志青年，帮助我们老百姓脱贫致富，带头一起奔致富之路啊！"一句感动的话语、老伯伯深情的期盼触动了王颖，打动了她，让她顿然激起了信心和力量。于是，她下定决心要把家乡的特色农产品带出家乡、送到城里，不仅让更多人能够享受健康饮食，还能为家乡的父老乡亲增加一份踏实的收入。

2013 年，阿里平台上经营农产品的卖家数量为 39.40 万个。其中，淘宝网（含天猫）卖家为 37.79 万个，B2B 平台上商户约为 1.6 万个。2013 年，阿里平台上的农产品销售继续保持快速增长，同比增长 112.15％，1688 平台同比增长了 301.78％。生鲜相关类目保持了最快的增长率，同比增长 194.58％。2013 年，农产品的包裹数量达到 1.26 亿件，增长 106.16％。一切数据都指向：农业电商已呈燎原之势，更上一个台阶。新农人群体崛起，合作社踊跃淘宝开店，农产品电商网站风起云涌，多类农产品在网络热销。与此同时，涉农电商服务商蓬勃发展。近年来，随着我国经济的快速发展、居民生活水平的不断提高和生活节奏的不断加快，人们的消费观念从传统的单一化向现代的多元化、便捷化转变。不但要求生鲜农产品新鲜、卫生、安全、营养，而且还要求品种多样、配送及时。于是，她积极参加农业学习班，在网上仔细地搜集资料，研究电商的发展情况，深入了解农业现状。她发现，电子商务是通过电子数据传输技术开展的商务活动，能够消除传统商务活动中信息传递与交流的时空障碍，发展农村电子商务，将有效推动农业产业化步伐，促进农村经济发展。于是，2015 年她带头成立了新发永业电子商务有限公司，并注册了"村姑进城"和"蛮妞"品牌，结合木头城子镇和十家子村的优势发展农村电子商务。2016 年，王颖主攻朝阳小米和杂粮，利用朝阳小米和杂粮的地域特点，将产品经过筛选、真空包装后的成品上线到公司平台。在她的带领下，公司一年就销售 5 万千克朝阳小米。这不仅增加了农户收入，还增强了农民种植符合市场需求产品的信心和积极性。2017 年，王颖成立了土地股份专业合作社。通过土地流转，她根据十家子村以及水土资源丰富、无空气污染、日照充足等地理优势，大力发展瓜菜生产。发动更多群众种植葡萄，成为葡萄产业园，依此发展农村集体经济、壮大合作社的规模。

三、主要做法

1. **按照章程规定合理分配合作社收入** 一是合作社将纯收入的 70% 用于入股农户的分红，提取 20% 作为公共积累，10% 作为管理费。二是合作社设专职财会人员，严格按照财务制度记账。资金来源除之前累积外，还采取借款的办法支付一定的利息。尽量少用现金，尽量选取收益高的作物。三是合作社采取按劳付酬、计件工资的用工制度，每 2～3 个月发放一次工资。四是在地块管理方面，采取按地域分组的方式。2018 年合作社的 3 000 亩土地分了 500 多块，覆盖木头城子、扎兰、十家子、宏图等村的部分农户。合作社采取分组管理，共有 5 个组，组长是合作社成员，负责种植计划、生产资料供应、农机具管理、产品销售渠道。

2. **改进措施，增加收入** 一是改变种植结构，以高效农作物为主，并实行订单生产。二是提高机械化水平，尽量少用人工，减少种植成本。三是生产资料统一采购、产品统一销售，减少中间商环节，降低成本。

四、利益联结机制

为了推动农村经济发展、解决农户致富等问题，镇、村两级党组织从公司的发展定位、政策把握到基地建设、合作经营等各个方面，都给予大力支持与帮助。公司成立了土地股份专业合作社，通过土地流转、宣传政策和吸纳社员，搞起了集体化的特色葡萄种植，严格按照合作社的规程运行；同时，采取了"党支部＋产业项目＋贫困户"的模式，带动贫困户脱贫致富。

俗话说："自己富了不算富，大家富才是真的富。"在镇、村两级党组织的帮助下，公司采取了 3 种脱贫模式：第一种是"帮带式扶贫"。鼓励贫困户种植热销农作物，公司无偿提供技术、设备，资金不足的准予赊销生产资料；产品卖不出去的公司保底回收。第二种是"就业式扶贫"。优先给有劳动能力的贫困户提供就业岗位，鼓励大伙到公司、合作社打工。目前，在公司产业链中就业的贫困人口有 33 人，人均月工资为 1 500～1 800 元。第三种是"入股式扶贫"。对于没有劳动力的，公司鼓励以土地入股的方式参与经营，年终获得分红。不仅提高了农户的种植积极性，同时也解决了大学生和农民就业难问题。目前，公司带动全村 20 多名大学毕业生一起创业就业，安排农民就业 80 余人，带动农户 500 余户，增加了农民收入，提供了大学生就业创业平台，对农村经济的发展起到了促进作用。农产品电商发展需要政府与大型电商平台协作推动。涉农电商平台企业为了维护自身品牌价值和担负的社会责任，有动力促进农业现代化、维护农产品质量安全，这与政府目标责任相一致。政府和电商平台企业可发挥各自优势，在农产品标准制定、区域公用品牌打造、数据共享、扶贫开发、人员培训等领域开展深度合作。公司将继续坚持把农业品牌建设作为质量兴农、绿色发展的重要着力点，以培育壮大优势特色产业为基础，创新体制机制，强化政策支持，弘扬朝阳农业绿色发展、品质追求、国际视野的城市气质，树立起"村姑进城"的品牌形象，为推进乡村振兴贡献品牌力量。

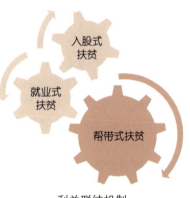

利益联结机制

五、主要成效

2018 年，新发永业土地股份专业合作社与辽宁维健农产品科技开发股份有限公司达成合作，租给其公司办公场地、加工车间、保鲜冷藏库，该公司面向当地招工，增加了百姓的收入，带动了当地的经济发展。同时，合作社与朝阳县丰源土地股份专业合作社签订农业订单，合作社种植鲜食玉米 1 500 亩，成熟后由其公司进行加工、包装、线上线下销售，实现了增产增收和农民利益最大化，也让朝阳地区的优质农产品走向全国。

六、启示

我国农村改革取得了历史性成就，但改革任务依然艰巨。按照深化农村改革扩面、提速、集成的总体要求，根据中央的统一部署，我国农村土地制度改革、农村集体产权制度改革、集体林权制度改革等一系列农村改革正在扎实稳步推进。2020 年全面建成小康社会后，我国将全面推进乡村振兴，加快农业农村高质量发展。

1. 推进农业电子商务发展是完善农产品市场机制的重要举措　党的十八届三中全会指出，要使市场在资源配置中发挥决定性作用。实践证明，电子商务可以为传统农产品产销注入信息化元素，以信息流带动物流、技术流、人才流、资金流，实时反映供求状况，解决市场信息不对称问题，提升农产品生产者话语权，拓展新渠道、新客源和新市场；能够有效促进产销衔接，降低流通成本，同时有利于稳定市场预期、减缓价格波动，是建立健全现代农产品流通体系的必然要求。迫切需要通过加快发展农业电子商务，有效引导市场主体广泛参与，促进资源要素合理有序流动，消除妨碍公平竞争的制约因素，推动全国农产品统一市场的进一步完善，更好地发挥市场配置资源的决定性作用。

2. 推进农业电子商务发展是促进现代农业发展的重要途径　发展现代农业的基础和前提是市场化，农业电子商务是农业市场化的重要组成部分，是现代服务业的重要内容。推进农业电子商务，将产业链、价值链、供应链等现代经营管理理念融入农业，可以促进现代信息技术与传统农业全面深度融合，推动农业生产由以产品为中心转变为以市场为导向、以消费者为中心，倒逼农业生产标准化、品牌化，优化农业生产布局和品种结构，发展高产、优质、高效、生态、安全农业，实现农业发展方式的根本性转变，提高农业产业素质和国际竞争力，为新型工业化、信息化、城镇化和农业现代化同步发展拓展新的空间、增添新的动力。

3. 推进农业电子商务发展是扩大和提升消费需求的重要动力　在经济新常态下，扩大和提升消费需求对促进经济发展的关键作用日益凸显。促进电子商务创新发展，是实施"互联网"行动的重大举措，对主动适应经济发展新常态、打造经济社会发展新引擎、有效应对经济下行压力具有重要现实意义。推动农业电子商务发展是顺应消费方式、生活方式深刻变化的现实需要，可以满足不同消费群体的个性化、多元化、便捷性需求，能够突破购销的时空限制，进一步挖掘市场需求潜力，促进消费转型升级。同时，农业电子商务的发展，还可以创新流通方式，带动农业生产资料和消费品下乡，加快形成城乡产品和要素市场双向流动的新格局，激活农村消费市场活力，让农村居民分享信息经济发展的成果。

4. 推进农业电子商务发展是加快转变政府职能的客观要求　在充分发挥市场配置资源决定性作用的同时，要更好地发挥政府作用，为市场主体创造良好发展环境，切实加强公共服务、市场监管、社会管理等职责。

农业部门在继续抓好农业生产的同时，应更加重视搞活农产品流通，创新农业生产资料下乡渠道。农业电子商务作为农产品流通和农业生产资料销售的新业态，在发展的过程中出现了一些新情况新问题，需要政府部门转变观念、转变职能，切实把推进农业电子商务发展作为一项重要工作来抓。加强政策创设和规划制定，健全农产品和农业生产资料市场信息监测预警体系、标准体系、质量安全追溯体系、诚信体系和法律法规建设。强化市场监管和行政执法，努力营造安全可信、规范有序的农业电子商务发展环境。

上海闵行：正义园艺有限公司

导语： 随着网络经济的发展，电子商务已经走进人们的生活。它不仅带来了交易模式的革命，而且改变了传统的企业管理和运作模式。

2010年6月，正义园艺有限公司专门引进一批大学生组成电子商务核心团队，通过近半年的努力，在公司内部物流管理上采用了网络ERP系统管理模式，并建立了"正义田头菜市"电子商务平台，实现了生鲜农产品营销线上配送、线下交易的销售新模式。

公司电子商务部拥有数千平方米的加工包装车间和专用冷藏仓库，配备了数十辆具备冷链配送要求的物流货运车。为了适应不同消费群体对中高档农产品的需求，公司通过本部的果蔬基地和全国各类特约基地，全天候为客户采收、加工、配送四季当令蔬菜和时令水果及散养禽蛋、名优土产、特色冻品、有机谷物等各类丰富多彩的组装食材，且以最快捷的配送方式按电商订单要求送到客户手中，实现了个性化服务。

"正义田头菜市"电子商务平台

一、主体简介

正义园艺有限公司成立于1999年9月，注册地为上海市闵行区浦江镇永南路1668号，注册资金1745.2万元，现有职工500余名，是一家集果蔬和粮食等农产品生产、加工、仓储、销售、配送、服务于一体的民营股份制有限责任公司。

公司现有各类生产与特约基地 10 000 余亩，设有果蔬基地、冷链配送、电子商务、团膳服务四大运营板块。2000 年以来，公司先后获得"农业产业化国家级重点龙头企业""国家级蔬菜产加销标准化示范区""全国'双学双比'示范基地""全国科普教育基地"等称号。

生产与特约基地

与此同时，公司自 2001 年被上海市政府指定为"APEC 会议""上海合作组织峰会"的蔬菜特供基地后，2007 年又成为"特奥运动会"、2008 年的"北京奥运会上海赛区"及 2010 年"上海世博会"的蔬菜特约供应商。

当前，公司正积极围绕"筑龙头、建基地、拓市场、构载体、保安全、强品牌"等环节，努力推进农业产业化进程，大力发展都市现代农业。现公司正在实施"二次创业规划"，对公司两大蔬菜与葡萄种植基地进行全面改造提升建设，为促进企业经济又好又快发展且为地方农业转型升级不懈努力。

二、模式简介

1. 模式概括　目前，农产品电商主要有 3 种经营业态：第一种是 B2C 模式；第二种是"家庭会员宅配"模式；第三种是"订单农业"，也称之为 CSA（社区支持农业），这种业态最早来自美国。公司现应用的是第一种模式，这也是目前电商领域里最主要的经营业态，即"自有农场＋

B2C"模式。

发展模式

2. 发展策略 电商创立之初,公司决策者就意识到了品牌的重要性。多年来,电商秉承公司"民以食为天,食以安为先"的企业文化,始终把食品安全保障放在经营管理的重心位置来抓。公司要求电商全体员工"内强素质、外树形象",不断推进"正义田头菜市"品牌建设。在大家的共同努力下,"正义田头菜市"的电商随着产品和服务质量的不断提升,已赢得了市场的广泛认可。

在培育电商品牌的过程中,公司上下认识到:建设品牌如同做人,要"始终如一,诚信为本"。这是"正义田头菜市"电商品牌的建设原则。究竟是把品牌建成"玻璃"还是建成"钻石",这取决于一个企业的素养与文化。"玻璃"只能逞一时之光彩,终不能长久;而"钻石"则历久弥新,永恒传承。多年来,正义电商兢兢业业,严抓品质。凡是出自"正义田头菜市"电商的产品,均要求达到"正义正品"。电商产品一旦出了质量问题就严格查处到个人,由此逐渐形成了一套行之有效的产品控管体制。

与此同时,电商部也定期联络客户,对每一个客户进行跟踪调查。客户对产品的建议与意见、满意度等都一一记录在案,电商部建立了一整套客户档案。对于集中出现的问题,电商及时跟进与改正。对于一些潜在的隐患,电商也及时防患于未然,很好地做到了事前预防与事后改正相结合。

企业文化是企业的灵魂。公司在大力抓电商建设的同时,也不忘企业文化的培养。正义公司是一个以人为本的企业,"踏踏实实做事,勤勤恳恳做人"是公司的一贯作风。上至董事长下至生产一线的员工,每个正义人都是踏实与努力的象征,丝毫感觉不到一点浮躁。

3. 主要做法　电商部为了满足消费者对厨房食材"安全、新鲜、健康、方便"的要求，在"正义田头菜市"网站，为消费者准备了各种家庭厨房食材。消费者可以按自身需求选择各种套餐，完成商品的信息流；通过网上支付手段，完成商品销售的资金流；公司提供定时定点的宅配送服务，完成商品交易的物流。公司电子商务的年销售额最高峰期曾达 3 000 万元，服务家庭数万户。目前，电商部正积极探索完善直供直销的 B2C 业务模式，为客户家庭提供各种特色服务，形成"从田头到餐桌"的食品安全供应链。公司现已与国内最大的进口水果商——广州江南市场合作建设了上海辉展果蔬市场，该市场是华东地区目前区域面积最大的进口水果、蔬菜仓储集散中心。依托这个集散平台，公司既可开展生鲜农产品进出口贸易，也可开展立足周边市场的批发交易和配送服务。公司将继续秉持"食以安为先"的宗旨，精选公司当令特色农产品和各类组合食材及礼盒套餐，为消费者提供诸如"新年宴席""生日套餐""情侣小聚""欢度国庆""生肖组合礼品""员工福利"等个性化定制，来满足不同消费群体的需求。同时，也能带给消费者选购的乐趣和提货的便利。

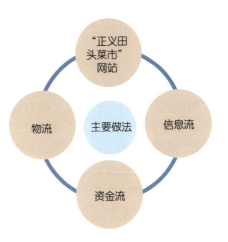

三、利益联结机制

公司在浦江镇境内有自主经营的蔬菜基地 387.2 亩、葡萄基地 387.57 亩。另外，与该镇汇良、红义、众德、谷裕、禾品 5 家果蔬专业合作社（面积约 1 112 亩）签有果蔬收购协议。

近年来，公司蔬菜基地种植各类蔬菜 30 余种，年产蔬菜 1 800 余吨，年产值 400 余万元，直接带动 60 户农户参与蔬菜生产。葡萄基地年产葡萄、桃、梨等约 100 万千克，年产值近 450 万元，直接带动 50 户农户参与葡萄生产。另两大生产基地在农事繁忙季节还可带动周边近 100 户农户参与季节性生产活动。与此同时，公司现有团膳、配送、电商、保洁、保安等岗位安置农业用工 350 余人。2018 年以来，公司为落实上海残联（2017 年 79 号文）精神，落实了本镇 106 名残疾人士加入"劳动增收"项目中，为浦江镇农民增收就业，为帮扶残疾人劳动增收，为驻地村"美丽乡村"建设作出了企业自身的一份积极努力。

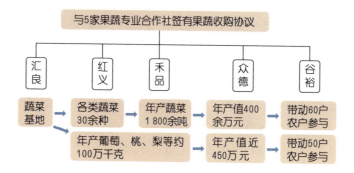

四、主要成效

公司网站上线时间是 2010 年 6 月。当前，注册用户超过 2 万，每月增加 5% 左右，网站访问量日均 1 万人次。

公司主要生产绿色蔬菜，以直供直销定点配送方式供应超市、学校和企事业单位，配送的蔬菜及副食品 500 多种，主要经营蔬菜、水果、肉禽、粮油等。目前，公司除了拥有自主"天寿"蔬菜与水果两大类品牌产品外，还经营配送"侨嘉"葡萄、"清美"豆制品、"黄金树"橄榄油、"鼎腾"猪肉等品牌农产品。2013 年以来，公司年产值为 1.9 亿～2.0 亿元，年生产无公害蔬菜等农产品 4.9 万～5.2 万吨。

电商部自创建以来，年销售额最高峰值曾达 3 000 万元以上。2013 年电商订单为 1.6 万个，交易额为 2 106 万元；2014 年订单为 2.2 万个，交易额为 1 516 万元。交易额下滑的主要原因是市场环境与需求发生变化所致。

五、启示

1. **电子商务为农业企业创造了更多的机会** 传统的农产品销售是以相对固定的销售地点和相对固定的销售时间为代表的店铺式销售；而互联网电子商务的销售是通过以产品信息库的网上商店进行，所以它的销售是随网络体系的延伸而不断延伸。它的零售时间也是由网上用户自己决定的。因此，互联网上电子商务的应用，相对于传统的农产品销售形式更具有优势。

2. **电子商务使企业的交易成本不断降低** 通过网络营销活动，农业企业不但可以提高自身的营销效率使得产品促销费用有所降低，而且能减少中间环节，降低销售成本。

3. **电子商务使企业采购成本降低** 企业可以在市场寻求价格最优惠

的供应商，并通过与供应商共享信息，减少由于中间环节信息丢失造成的损失。

4. 电子商务降低了企业办公成本　在网络上进行信息传递的成本相对于信件、电话、传真而言本身就低。另外，电子商务与传统商务的不同模式还可以降低共享信息成本，如中介费用，广告、发印刷品的费用，文件处理费用及店面的租金费用等。

5. 电子商务可提高企业的生产质量　主要表现在降低了农产品的库存，缩短了农产品交易时间，减少了农产品交易的中间环节，使生产者与消费者直接交易成为可能，从而在一定程度上改变了整个社会经济运行的方式，让整个交易变得非常快捷与方便。

6. 电子商务不仅是一种工具或方法的应用，更是一种崭新的商务模式　作为一种新的商务交易模式，电商极可能成为推动我国未来经济增长的关键动力。它将打破时空界限，改变贸易形态，加强商品流通效率，降低企业运营成本，提高我国企业乃至整个国家的竞争力。而且，也将有力地带动我国信息产业和信息服务业的发展，对于缓解就业问题、降低通货膨胀率等都将发挥积极作用。

江苏如东：玉兰飘香家庭农场

> **导语：** 电子商务是一种人类突破现有发展空间的先进的方式，能够在网上创建、管理并且扩展商务关系，实现消费者网上购物、商户之间网上交易和在线电子支付的一种新型的商业运营模式。农村电商利用互联网、计算机、多媒体等现代信息技术，为从事涉农领域的生产经营主体提供网上完成或服务的销售、购买的电子支付等业务交易的过程。这种新的电子商务模式能推动农业的生产和销售，提高农产品的知名度和竞争力，是全面推进乡村振兴的催化剂。近年来，如东县农村电商呈现强劲发展态势。据统计，2019 年上半年线上销售 0.27 亿元，线下销售 3.97 亿元，销售总额 4.24 亿元，较 2018 年增长 30% 左右。电子商务与农产品在如东县融合度越来越高，互联网向农村延伸速度加快，潜力巨大。

一、主体简介

在如东县河口镇荷园村 S225 线路边，有这样一个农场：春季，百花齐放；夏季，郁郁葱葱；秋季，桂香满园；冬季，白雪皑皑。百亩广玉兰树四季常绿、花香千里，各种海棠花、紫荆花、梨花、红叶贞南、玉兰树、香樟树等花草苗木竞相争艳。其中，2 000 棵广玉兰树四季常绿，花色洁白，花朵丰满。农场环境幽美，平日成千上万只散养的土鸡在树林间悠闲漫步，宛若一片世外桃源。这里就是网上负有盛名的玉兰飘香家庭农场，因其广玉兰树而得名。

农场主缪金莲是河口镇中天村村民，1962 年出生，高中文化。2011 年，由于纺织行业不景气，从事织布工作的她赋闲在家，在村委会的推荐下，参加了县农业广播电视学校（以下简称农广校）的农民培训，当时正值中央开始提出加大农村改革步伐，大力推广土地流转，加快农业产业化的进程。头脑灵活的缪金莲，通过农广校短期的学习，对未来农业农村的发展有了新的认识。2012 年，与爱人徐建军商量后，她选择了到交通便利的河口镇荷园村流转土地 188.5 亩，进行植树造林，先后种植了近万棵各种树木。2013 年，缪金莲看到树木长势喜人、成活率高，但树林杂草也茂盛，锄草给她带来了困难。因锄草需要大量的人工，同时土地的利用率低，她心想能不能在树林中养土鸡，一能减少锄草成本，二能增加农田的利用率，土鸡吃着杂草，增加活动，能真正实现在绿色生态健康养殖的同时增加农场收入。这个想法在与爱人商量后，当即得到爱人徐建军的支持。于是，她说干就干，开始养鸡、养鸭还有养猪。到 2013 年底，她先后共建了 3 个鸡棚，累计投资约 110 万元，保证了正常鸡存栏 5 000 只，平均每天产蛋 1 000 只。

　　真正让缪金莲介入电商的是缪金莲的女儿徐需婷，她大学主修计算机专业，2017 年毕业返乡后，充分利用"互联网＋农业"的知识优势，搭建了农场鸡舍在线直播平台和网络销售平台等，推进有机种养。2018 年 1 月，南通市农委推荐玉兰飘香家庭农场徐需婷参加项目候选。经农业农村部国际合作司对爱国敬业、身心健康、政治觉悟、青年农业实用人才、英语语言能力和自身意愿等资格综合审核选拔后，徐需婷入选 2018 年第一批学员（全国共 12 名，其中江苏省 2 名），于 2018 年 4 月赴欧盟进行为期 2 周的交流学习。这次交流学习让徐需婷认识到，"互联网＋农业"已经成为农村未来的发展趋势之一。要利用自身的知识和能力，搭建好农场的在线直播平台和网络销售平台，实行有机种养的生产模式。通过网络平台等多渠道进行销售，将对绿色、健康有机食品浓厚的兴趣转化为先进的农业生产力，对致力于新时代农业生产的年轻同志起到了很好的示范作用。

二、模式概况

　　1. 创新养殖模式　散养与舍饲相结合，保质保量发展农业生产力。缪金莲农场里的土鸡养殖采用散养与舍饲相结合的方式。她建的鸡舍不同于一般的普通鸡棚，鸡舍四周全部用钢架扎好，只要进了鸡舍，就会看到成百上千的母鸡在架空的栖架上"悠闲"地游走。它们生活的地方看上去很干净，不会发现有"恶心"的鸡屎。鸡舍内有专门的鸡蛋收集系统，她引入的是世界著名专业养殖设备公司德国大荷兰人的"平养系统"，实现喂食、给水、鸡蛋收集和排污的自动化。整个农场严格按照土鸡养殖标准，每亩土地不超过 150 只鸡，舍内密度每平方米少于 8 只鸡。目前，缪金莲的农场是华东地区第一家采用平养系统的农场。玉兰飘香农场所有鸡、鸭、猪等，全部饲喂玉米、小麦、大豆、青菜、胡萝卜等天然食物，没有任何激素类添加剂。农场以玉米、麸皮、花生藤、南瓜、秋葵等为主要原料由自己加工成颗粒饲料，农场土鸡及鸡蛋均获得无公害农产品证书。鸡病预防主要依赖低密度养殖、国家规定的疫苗以及散养必需的定期驱虫。

　　2. 促进农产品网上交易　采用"农场＋电商"模式，拓展销售渠道。"酒香也怕巷子深"，由于养殖地偏僻，鸡蛋销路刚开始一直打不开。正在发愁之时，徐建军的一个兄弟从北京回来，看到此情况，在他的指导下到工商部门注册创办了玉兰飘香家庭农场，同时申报了无公害农产品品牌，注册了商标"一公里牌鸡蛋"。同时，在外工作的兄弟建议他尝试通过互联网线上线下、前店后厂的商业模式打开鸡蛋销售渠道，并帮他在淘宝网上开办了销售土鸡蛋的网店。2013 年 6 月，"玉兰飘香"淘宝店正式开业。为了增加网店的吸引力，缪金莲白天在农场忙活，晚上就在淘宝网上学习开店。从最基本的网店注册到新店的店铺装修，再到每个产品的详细描述，她都仔细琢磨。她家网店的网页制作精美、图文并茂，详尽地介绍了土鸡养殖的生态环境、鸡蛋外观和品质变化等。她在网上承诺所售商品：一是饲喂玉米、小麦、胡萝卜、苜蓿草、贝壳粉等食物，不添加任何激素；二是严格按照养殖技术要求进行饲养，每群鸡约 800 只，鸡舍内养殖密度约 7 只/平方米，室外活动空间大于 4 平方米/只，活动半径约 50 米，并且实行循环放养；三是新鲜，鸡是当天屠宰、速冻后当天发货，鸡蛋是 3 天之内的。由于产品质量好，她开办的淘宝网店一炮打响，网上生意做得红红火火，订单源源不断。2016 年，她在网上的销售额达 80 多万元。同时，她开通了玉兰飘香家庭农场公众号，努力将农村好的产品送出去，让客户买到放心的食品。

3. 农业生产直播化 "农场＋电商＋直播"。2016 年，农场进入稳定生产期，具备年出栏 6 000 只老母鸡、6 000 只童子鸡和 60 万枚鸡蛋的能力，需要提升销售模式，促进销售。电商面临的最大挑战是信任，即对产品质量的信任。传统电商客户购买的体验差、服务不够人性化，通过互联网得到的信息比较片面，甚至不够真实，这些往往会左右客户的购物决策。现在客户购买农场的鸡、鸡蛋以及一些蔬菜，非常希望看到养殖、屠宰、包装乃至饲料加工的过程，甚至看到发货时商品的样子，进而作出消费决策。如能展示现场再加上有人讲解，体验就好很多。

2017 年，玉兰飘香家庭农场实施了省级农业电子商务示范项目——电商直播平台建设项目，布设了一套先进的视频会议系统。农场可以通过视频会议系统实现语音跟踪、无线投影、4K 高清等，与农业专家及时沟通农场情况，处理农场各种突发状况。通过项目实施，农场比以前有了质的变化：一是直播形式超越了"图片＋文字"模式，有更加生动的传播效果。互动性是吸引客户一个很重要的方面。客户在直播平台上看到农场主介绍产品或者试用产品，同时平台除了传统的打赏功能外，屏幕上还有随手可以点击的优惠券、红包等功能，商品的导购链接还能够实现用户"边看边买""边玩边买"的体验。二是电商直播销售更全面地传递了商品信息，促进了客户的有效决策。农场主不断地提升信息的呈现能力，帮助用户决策，使直播视频成为一种备受欢迎的销售形式。直播让农户可更多维度地呈现商品信息。三是电商直播销售讲解从"一对一"变成"一对多"，降低了售前咨询的负担。过去电商销售方式都要跟每个潜在客户聊天，这是主要的人力成本。通过直播，召集一定数量的潜在客户观看视频，售前服务从"一对一"到"一对多"。这样一来，售前咨询效率大大提高了。四是直播销售让电商有了"叫卖"的能力，提高了销售效率。菜市场、超市、街边地摊都会有人叫卖，就算没人也会有个喇叭叫卖，吸引关注，从而起到促销作用。直播就有叫卖和促销效果，提高了销售效率。缪金莲的土鸡蛋通过淘宝网销售到北京、上海、南京、苏州等大中城市，赢得了无数顾客的称赞，是淘宝网上的金牌卖家。农场也先后获得了"江苏省农业电子商务示范单位""市级示范家庭农场"等称号。

直播平台

主要做法	创新养殖模式	散养与舍饲相结合，保质保量发展农业生产力：引入的是世界著名专业养殖设备公司德国大荷兰人的"平养系统"，实现喂食、给水、鸡蛋收集和排污的自动化
	促进农产品网上交易	采取"农场+电商"模式，拓展销售渠道：注册了商标"一公里牌鸡蛋"，通过互联网线上线下、前店后厂的商业模式打开鸡蛋销售渠道，并在淘宝网上开办了销售土鸡蛋的网店
	农业生产直播化	"农场+电商+直播"：2017年，玉兰飘香家庭农场实施了省级农业电子商务示范项目——电商直播平台建设项目，与农业专家及时沟通农场情况，处理农场各种突发状况

三、利益联结机制

近年来，农村发展问题，尤其是如何帮助农民实现增产、增收脱贫致富成为如东县各村关心的核心问题。虽然农村地区存在不少经济发展阻碍，如有些地方交通不太发达、农产品交易传统以及思想较为保守等问题，但如东县的物产资源十分丰富，只要有合适的平台和合适的时机，如东农业经济极具发展潜力。同时，如东农民也意识到了这个问题，因此他们大力发展种养业，提升自身的农业生产水平。不过，由于附近市场过于饱和，因此投入多而赚的不多。其中一些农民转变了思路，通过互联网来销售农产品。不过在一开始的时候，一些农民都质疑农村电商能否真正带动他们增收。因此，如何让村民变思路、促就业、谋发展，成为摆在如东县各村面前的难题。

玉兰飘香家庭农场所在的荷园村是一个传统农业村，该村所面临的农产品卖难问题一直摆在村民的面前。为了转变农民思路、促进农民增收，该村做了三件事：一是开展电子商务培训。近年来，该村积极组织村民、新型农业经营主体开展电子商务培训，村"两委"定期自主组织农民培训，前后共有 60 余人参加了培训。二是树立农业电商典型。在培训班上，邀请玉兰飘香家庭农场主现场讲解自己从事电商发展的经验，通过身边的典型事迹引导农民。三是利用玉兰飘香这个网络平台拓展网络销售渠道，使"平台＋产品"成为富民强村的新模式。农场主缪金莲常说："做电商和做人一样。立足口碑是关键，口碑是电商、微商立足的根本，这需要产品质量来说话。做人也一样，要以人为本，自己一人富不是富，能带领周边村民富才是真的富。"她的目标很明确，就是要利用玉兰飘香平台这个渠道，解决农产品销售信息不对称的问题，利用网络销售平台发展订单式农业。不仅要教会农民如何种养，还要教农民如何卖。卖安全有保障的农产品，带领村民走上致富道路。看到她的真诚和努力，许多村民分外感动，有的村民家里有成熟的葡萄、梨等就送到她家一起分享。这更加坚定了缪金莲做好电商平台的决心。她说："在荷园村，大多数农民还是以赶集的传统方式销售农产品，销售量十分有限。电商的介入，能在很大程度上拓宽销售渠道、扩大市场。我现在要将电商的概念普及到荷园村的各个角落。""我希望，将我多年来从事电商所累积下来的实践经验带给乡亲们，带给更多有需要的人，帮助他们走上致富路。"除了对电商理论知识的普及，缪金莲还将一些简单的实操技术传授给周围村民。在电商培训过程中，她了解到一些农产品的销售难问题，就利用自己的微商平台等宣传渠道发布销售信息，以解燃眉之急。在她的带领下，荷园村村民人均年收入增长较快。2017 年，荷园村人均年收入由原来的 1.5 万元增加到 2.3 万元；2018 年人均年收入增长到 3 万元。

四、启示

目前，玉兰飘香网络营销的发展态势良好。该农场利用电子商务打破了市场交易的时空限制，使得生产经营有的放矢，提高了生产效率，降低了运营成本；同时，网络加速了信息流通，扩展了销售范围，最终创新了农产品营销的新模式。

1. **要注重质量** 互联网时代实现农产品电商快速发展，必须强化农产品的质量，努力凭优质的农产品、以直播的方式换取网民信赖。要挖掘本地优质农产品的特色卖点，从而走出一条具有地域特色的成功突围之路。

2. **必须走专业品牌化的道路** 品牌化运作是农产品实现溢价增收的先决条件。以产品品牌带动农产品推广、以一个品牌带动多个品牌、以品牌占据市场，将是农产品电商发展的一大趋势。在当前农产品电商竞争十分激烈的情况下，要在群雄逐鹿中立于不败之地，采用品牌化战略至关重要。玉兰飘香家庭农场正是通过"一公里牌鸡蛋"这个品牌，对外塑造在这个农场"每只鸡每天走了一公里"，提升农产品品牌知名度，推动电子商务与农村经济发展融合互动。

3. **要整合当地农产品资源** 集中打造一个产品，由点到面；集中全村人力物力，全力突破。一家农产品始终有限，如果能把全村的农产品委托给具有实力的平台进行营销和线上运营，在农户、电商平台和消费者之间建立链接，创造并分享价值，既可以满足消费对农产品价值的需求，又可解决电商平台商品单一、产品不多等问题，同时也可以带动整村农业经济发展，带领乡亲们脱贫致富和增收，形成多方共赢的局面。

江苏高邮：嘎嘎鸭商贸有限公司

> **导语：** 高邮市地处江苏里下河地区，境内水网密布，土地肥沃，农产品资源丰富，是著名的鱼米之乡。高邮鸭、高邮咸鸭蛋、界首茶干、高邮湖大闸蟹已先后成为中国地理标志产品。随着互联网时代的到来，电商平台为高邮特色农产品的发展提供了新契机。近几年，高邮市企业也在积极探寻原产地的品牌化电商发展之路。据统计，高邮现有鸭蛋生产企业100多家，其中年产量500万枚以上的规模企业30多家。逐年兴盛的高邮鸭蛋产业也让当地的企业和百姓思考：如何继续做大做强，打响高邮咸鸭蛋的金字招牌。随着电子商务的兴起，农业结构调整转型让农民搭上了互联网这辆"快车"，也为农业的高质量发展插上了"互联网+"的翅膀。农业电商产业已成为高邮经济发展的新引擎。

一、主体简介

嘎嘎鸭商贸有限公司是一家专业的电子商务公司，主要在互联网上销售和推广高邮及周边地区的地方特色农产品。公司的业务范围覆盖淘宝、天猫、京东商城、苏宁易购、当当网、拼多多等电商平台。公司2008年进入淘宝市场，2010年入驻淘宝商城（后来的天猫），是高邮地区第一家成功入驻的食品类天猫店铺，公司的"88食品旗舰店"，是高邮第二家以独立品牌入驻的天猫旗舰店。公司拥有专业电商人才20多人，连续两年实现全网销售超过2 000万元。

在过去的几年内，高邮市政府及各部门积极顺应"互联网+"的时代浪潮，为拓展高邮农产品电子商务进行了种种的努力和尝试。其中，重点推进的第三方电商平台特色农产品地方馆项目，是高邮市拓展农产品电商的破冰之举，并进而使高邮市的农产品电子商务走在了时代的前列。

2015年，嘎嘎鸭商贸有限公司获得了高邮市政府的授权，先后在1号会员店成立特产中国·高邮馆、在苏宁易购成立了中华特色馆·高邮馆、在京东商城成立了中国特产·高邮馆及中国特产·高邮扶贫馆，实现了高邮特产馆的四馆合一。其中，1号会员店特产中国·高邮馆是高邮乃至扬州范围内第一家成功上线并运营的地方馆。高邮馆在各平台获得了大量的访问和点击，为全国网民提供了安全、放心、正宗的高邮特产美食。

二、模式简介

随着互联网的快速发展，电子商务这股东风吹遍了城市的大街小巷，也吹到了农村。农村是个充满活力的大市场，电商巨头早已觊觎许久。但问题的关键在于，农村电商面临诸多难点，若没有切实找准农村电商的切入口，再大一块"蛋糕"也无法吞下。市场化是农业现代化的灵魂，品牌化是农业现代化的标志。近年来，高邮市委、市政府致力于发展现代农业产业，打造以高邮咸鸭蛋为代表的区域公共品牌，提升品牌价值，增加农民收入。公司在政府的指导下，携手京东、苏宁等电商平台积极探索农业"互联网＋"新思路，让农户享有农业全产业链、全价值链增值收益，以期在数字经济时代探索农业品牌化发展的新模式。

国家统计局数据显示，2017 年我国农村网络零售额超过 1.2 万亿元。其中，农产品的网络零售交易额占 20％，达到了 2 500 亿元。农业农村部曾预计，2020 年我国农产品电商将达到 8 000 亿元。来自德意志银行的研究报告认为，随着大城市趋于饱和，中国电子商务的未来增长点在农村。发展农村电商，不仅具有商业价值，更重要的是，这件事具有社会意义。农村电商能够迅速让亿万农民感受到最新、最潮、最便捷、最实惠的新销售渠道，通过电子商务，真正提升了农民的生活品质，助力乡村振兴的实现。

京东商城、苏宁易购等电商平台的农产品电商特色馆采取的模式就是遵循电商发展的现状和未来，采取地方政府授权背书指导、电商平台提供一对一的运营指导及流量扶持、被授权电商企业负责最终落地操作，真实有效地将地方特色农产品实现网络上行，并帮助传统生产企业实现产业转型，同时培育和积累大量的电商从业人才，进而促进农产品的标准化和市场化发展。

　　公司在高邮市政府的大力支持下，发挥自己的人员、设置及平台优势，充分整合地方优质农产品资源，重点发掘了本地的老字号、有机食品、绿色食品、无公害农产品及其他具有地方特色的农产品资源。采取批量订单式采购、预售、品牌代工、发展线上代理一件代发等方式，实现网络销售的最大化。让高邮的特色农产品走向全国，增加农民就业，提高农民收入，促进农产品生产结构优化，从而解决企业和农民生产的后顾之忧。

　　回顾 10 多年的电商发展道路，公司经历了从无到有、从小到大，现在已成为一个初具规格的专业化电商企业。公司主要在以下几个方面进行了努力和尝试：

　　1. 大力培育电商人才　高邮受区域位置的影响，农产品电商从业人才特别是高端电商人才匮乏，很多传统生产企业因此对从业电商有畏难情绪，电商发展缓慢。公司根据实际情况，采取积极引进和自我培养两步走的方式，引进和培养了一批电商人才，拥有了一个从运营、美工、客服、售后到仓储发货等岗位齐全、工作高效的专业电商团队。公司为员工提供了优越的工作环境，并主动为员工缴纳社会保险及医疗保险。对于传统生产企业和电商入门新手，采取代为培养、专业指导、紧密合作等方式，帮助其他生产企业培养电商从业人才。

公司作为高邮农产品电商的领军企业，在电商培训、富民创业方面也作出自己的努力。受高邮市农业技术干部学校及扬州职业大学的邀请，公司法人朱礼东多次为高邮及扬州各县区市的农民及大学生"村官"讲授农产品电商知识，被高邮市农业技术干部学校及扬州职业大学聘为农产品电子商务客座讲师，先后为2 000多位农民和大学生"村官"进行授课。同时，公司积极发展微信分销，通过微商的形式发展下线代理。公司入驻天猫供销平台，积极发展高邮特色产品分销商，为高邮地区想从事网上销售的人员提供培训、代发货等服务，为社会解决更多的创业及就业机会。

2. **加大电商配套设施投入** 为了促进电商发展，针对高邮特色农产品运输及存储的实际要求，公司投入100多万元，建设了专业冷库2座（共200立方米），购置了专业物流配送车2辆，订购了专业网络服务器及终端，租赁大型仓储及分拣中心（2 000平方米）。经过几年的发展，现已初步形成专业配套、保障有力的运营规模，可以承受每天5 000单以上的发货强度。

3. **注册并大力发展自有品牌产品，开拓传统农产品深加工，提高农产品的附加值** 公司先后向国家知识产权局商标局申请注册了"数鸭子""友乾""泊船山"等10余件商标，涵盖生鲜水产、禽肉蛋品、休闲零食、羽绒家纺、玩具等类目；并与有资质的实力工厂开展代工合作，生产自有品牌的产品，如鹅肉制品、香辣蟹、大闸蟹、蛋制品、生鲜水果等，初步形成了一个类目较全的特色美食产品链。同时，公司将开拓与农产品相关的附属产品，如羽绒制品、家纺产品、特色玩具等。公司注册的"友乾"

牌商标通过了高邮市大闸蟹协会的审核，获得了使用高邮湖大闸蟹地理标志产品商标的资格。在2018年高邮市首届农民丰收节活动中，"友乾"牌高邮湖大闸蟹获得优质品质奖。

4. **大力发展线上线下融合的O2O业务**　嘎嘎鸭公司在发展线上销售业务的同时，还积极开展基于线上与线下相结合的O2O业务。公司与苏宁易购扬州分公司达成协议，将高邮的地方特色产品放在扬州13个苏宁分店进行展示和销售。公司多次走进南京苏宁易购总部举办内购会，多次参加扬州日报集团举办的进社区活动，进行线下宣传和销售。公司在高邮市秦邮路和屏淮路建立了2处集线下产品展示与体验、商务洽谈、线下提货等多功能于一体的面积达1 000多平方米的展销实体门店，并将在未来建立更多的线下连锁门店。针对当下流行的社区电商模式，公司也及时进行了相关方面的跟进，积极发展社区电商，注资建立了嘎嘎鸭土特产社群团购的微信小程序，实现了线上线下两条腿走路。

5. **积极开展网络自媒体、短视频及网络直播活动**　嘎嘎鸭公司注册了自己的专业微信公众号，定期进行企业及产品的宣传，吸引了大量粉丝的关注。另外，在抖音短视频App进行了企业认证，获得了蓝V资格。同时，公司积极进行网络直播活动，在各主流直播平台以现身说法的形式，推介高邮的特色农产品美食和人文环境资源。2016年8月13日，公司在苏宁易购手机App进行的全国首批产地视频直播活动中，苏宁易购中华特色馆·高邮馆通过手机视频直播，带领众多消费者走进高邮鸭博物馆、红太阳公司及高邮种鸭场，在2个多小时的时间内展示和介绍了高邮丰富的特色美食及文化。此次直播吸引了数万人在线观看，被苏宁易购评价为准备最充分、创意最新颖、反响最热烈的一次直播活动，达到了理想的效果。2016 年 9 月，在全国互联网＋新型农民论坛大会上，苏宁易购中华特色馆·高邮馆被苏宁易购时任总裁张近东向全国进行了表扬和推荐。

积极利用京东商城、苏宁易购、天猫、拼多多等电商平台资源推介高邮，提高高邮农产品的关注度和影响力。2018 年 6 月，经过全力争取，高邮获得了苏宁易购下属的 PPTV "寻味中国"栏目的拍摄资格。PPTV专业摄制团队 10 多人经过 4 天的拍摄，花费 10 多万元的江苏高邮咸鸭蛋篇在各大平台播出，实现了 275 万人次的播放量，取得了理想的收视效果，带来了良好的社会效益和经济效益。

2018 年，京东生鲜大闸蟹产业联盟峰会在北京京东总部举行。"高邮湖产区"成为产业联盟荣誉成员，嘎嘎鸭公司代表高邮市政府参加了此次大会。此次大会的成功举办获得了各主流媒体的广泛关注，取得了良好的效果。

三、利益联结机制

嘎嘎鸭公司运营的高邮特色馆作为政府指定和授权的机构，除了做好推广和销售地方特色产品外，也担负着富民增收的义务。公司在线销售的产品主要是地方特色农产品，公司充分发挥自身电商平台的流量优势，通过举办各类促销及推广活动，带来了大量的访客量和购买量。公司在线上销售的强势带动下，为众多传统生产企业和农民拓宽了销售渠道，增加了销售金额。其中最有代表性的是，通过电商的开展，实现了高邮咸鸭蛋淡季不淡、旺季更旺的效果。与公司合作的几家蛋品厂每年的生产加工量都以20%以上的幅度增长。公司直接或间接地带动农民就业500人以上，并直接或间接地增加了农民的收入。

针对高邮特色农产品的线上销售，除了较为强势的咸鸭蛋以外，公司加大了网上销售情况不乐观的其他地方农产品的推广力度，特别是与农民有较大关系的水果、蔬菜、花木、生鲜等品类。公司与高邮市八桥国家级生态园的江苏飞扬农业科技有限公司达成500万元的战略协议，将八桥地区优质的水果、蔬菜、花木等产品在网上进行推广和销售，以"高邮馆果蔬花木采购基地"的名义签署合作协议。另外，在2017年桃子成熟期间，公司主动为果农开拓销售渠道，以高于市场价10%的价格进行了收购。在此季销售活动期间，公司实现了200多万元的销售金额，为30名果农实现了人均增收超过10 000元。公司法人朱礼东被高邮市农业技术干部学校和扬州职业大学聘为农业电商客座讲师，多次为扬州及周边的农业带头人、大学生"村官"进行农产品电商方面的培训，并为电商入门者提供实习操作机会和技术指导，获得了良好的社会效益和经济效益。

四、主要成效

嘎嘎鸭公司自成立以来，就受到高邮及扬州各级政府领导及媒体的广泛关注。高邮及扬州各级政府领导多次来公司参观和指导工作，并给予了充分的肯定。各大新闻媒体也作了大量的采访和报道。

公司通过自己不懈的努力，近几年获得了一系列的荣誉和称号。嘎嘎鸭公司连续3年获得高邮市十佳农产品电商的荣誉称号，在2015年高邮市农产品网上规模销售比赛中获得第一名。公司先后被评为青年电商创业示范企业、扬州市农业电商示范企业、扬州市电子商务示范企业、市级农业产业重点龙头企业、扬州市电子商务领域放心消费创建示范单位。公司被共青团中央和京东集团联合评为"青年电商创业孵化中心"。

在 2017 年端午节的蛋品销售高峰期，京东商城"中国特产·高邮馆"实现蛋品销售位列京东类目第一名，被京东授予"销售龙虎榜优势商家"称号；2017 年 10 月，在京东 11·11 商家大会上，又被京东生鲜事业部评为"最佳店铺"。

嘎嘎鸭公司先后与 50 多家农产品生产企业签订了销售合同，主要包括蛋制品、肉制品、水果生鲜及其他地方特色美食。2018 年，公司网上销售额超过 2 500 万元，其中仅京东商城店铺就实现了 1 800 多万元的销售金额。

五、启示

通过 10 多年的电商发展，总结在经营过程中的成功和失败，结合当下的网络新特征，公司在电子商务发展方面的主要启示、思路和方向可以总结为如下几点：

1. **全平台、多渠道共同发展**　充分利用淘宝天猫、京东商城、苏宁易购、拼多多等大的电商平台，发挥高邮特色馆的产品及资质优势，提供高邮特色产品的曝光度和产品销售量。

2. **充分利用地方政府的背书和授权，提高企业网络销售的可信度**　以高邮市政府授权的京东、苏宁易购、当当网高邮特色馆为平台，大力推荐高邮的优势特色产品，提高产品的线上转化率和回头率，获取更大的产品销售量，为高邮特色农产品带来更大的知名度和美誉度。

3. **积极开展网络新零售业务**　大力开展多种形式的线上线下相结合的业务，发展符合新时代主旋律的电商新零售业务；将公司的发展眼光放得更长久一些，做一个能持续发展的、新时代的电商企业。

4. 承担一定的社会公益和服务义务 公司作为政府授权的电商企业，要担负起对高邮地方传统生产企业和新兴电商企业进行引领、培训、扶持等义务，带领更多的人员进入电商行业，增加农民的就业。

5. 加大网络新媒体的开发力度 紧跟自媒体时代发展的脚步，重点开拓以短视频、直播平台为代表的新媒体和新流量渠道，实现流量的最大化，提高粉丝经济和社群电商的进一步拓展。

6. 拓展新产品、新思路 在销售高邮传统优势产品的同时，积极开发新产品，增加农产品的附加值。提高农民的收入，规避或减少农民的生产风险。

近几年，中国的农产品电商发展迅猛。嘎嘎鸭公司紧抓时代脉搏，借助农产品电商的蓝海，在实现自身发展壮大的同时，更多地为地方企业和农民提供各方面的服务，充分发挥了带头示范作用，带动更多的力量进入农业电子商务的海洋。

江西进贤：爱进特色农业发展有限公司

导语： 爱进特色农业发展有限公司采取"公司＋基地＋农户"的农业产业经营模式，带领农户及农业合作社、农产品企业共同致富，所有货源及原材料全部源自进贤本土，与农产品企业、农业合作社、农户签订代销及购销合同，并在全县不同地方设置了五大 O2O 体验馆。同时，与阿里、腾讯、京东、上饶银行等平台合作，搭建了完善的电子商务销售平台（企业官方网站、微信创客商城、京东商城、淘宝企业店和 C 店、阿里 1688、掌 E 购）。最近 3 年来，公司实现了快速发展，各项指标都取得了较好业绩，带动农户 2 000 户以上，农户年均增收 3 000 元左右，取得了良好的经济效益和社会效益。

一、主体简介

爱进特色农业发展有限公司是一家集农业科研、农产品生产、加工、销售于一体的综合性农业企业，成立于 2012 年 4 月，注册资金 550 万元，占地面积 200 亩，拥有 4 个生产车间，主要加工食用菌、葛根粉、山茶油、酒糟鱼。公司坐落在美丽的青岚湖畔——进贤县工业开发区内，通过努力拼搏和不断探索，采取"公司＋基地＋农户"的联合体农业产业经营模式。

公司本着"以人为本、质量为先、信誉第一、客户至上"的原则和"求实、拼搏、创新、奉献"的企业精神，其"爱进""军岚湖"品牌先后荣获"江西省著名商标""江西省农业产业化省级龙头企业"荣誉称号。公司的产品山茶油和葛根粉均获得了国家有机茶油、有机葛粉证书，山茶油和葛根粉均参加了2014—2017年江西鄱阳湖绿色农产品（上海）展销会并荣获金奖。

公司坚持走"经济依靠科技、科技面向经济"的发展道路，以产品规划、产品概念开发、系统设计、产品设计、产品测试与产品改进为重点，形成分工明确、层次合理、短期目标与中长期目标兼顾运作、技术储备雄厚的科研开发实力。

在公司3年多的引导和带动下，农户种植已具规模。2015年，公司与农户签约种植葛根、山茶籽等面积达3 000多亩。2019年，公司与农户签订种植葛根、山茶籽等合同面积达4 000余亩。为推动进贤农业产业快速发展、改变小作坊加工方式、确保食品安全、解决爱进加工山茶籽油能力不足的难题，公司通过技术人员的努力研制出全国领先的山茶油加工流水线。现公司已拥有此流水线4条，日加工能力可达50吨，公司现有职工100人。

爱进紧跟时代潮流，采用淘宝平台、京东商城网络线上销售，与公司实体店面线下销售相结合，形成了爱进的独特经营模式。最近3年来，公司实现了快速发展，各项指标都取得了较好业绩。其中，3年平均年收入7 000万元，而主营业务收入达6 700万元；平均全年企业成本6 500万元，平均年营业利润 500 万元，平均年纳税金额 130 万元。

2019 年，爱进拥有 3 个淘宝店铺、1 个天猫商城、1 个京东店铺、1 个微商城和多个团购网线上销售平台，直接从事电子商务人员 56 人。从 2012 年开展电子商务以来，公司已经拥有 10 万多个客户。目前，每天平均有 PV 3 000 多个、UV 5 000 多个。

公司建立了全覆盖的网络系统，桌面到达速率为 100 兆/秒。整个局域网信息点有 50 多个，遍布公司每个角落。公司还有一条 100 兆光纤作为 Internet 接入，并通过防火墙和路由器实现内外网安全隔断。

公司拥有 IBM 服务器 2 台、HP 服务器 2 台、PC 机 26 台。主要有数据库服务、文件服务、WEB 服务、E－mail 服务、FTP 服务、DNS 服务、Internet 访问服务、网络安全及入侵检测等。在此基础上，公司运行着覆盖主要业务管理内容的管理信息系统和各专业管理系统，即生产管理、财务管理、销售管理、质量管理及控制等系统。

随着网络的发展，互联网品牌推广以高性价比的优势，逐渐受到企业的青睐。公司在 2012 年开始网上销售，刚开始没有人知道爱进卖什么，也不知道爱进都有什么产品。通过不断优化和不断改进，优化有关键词优化、宝贝主图优化、seo 优化、宝贝上下架等，渐渐地才拥有了第一个会员。之后，公司开通了淘宝客、微商城，通过直通车等官方或第三方活动来推广自己的产品和品牌。电子商务具有开放性和全球性特点，为企业创造了更多的贸易机会。

为了保证产品质量和做好品牌维护，公司生产销售的产品均使用进贤本土的原材料，自己生产、自己包装。产品形式有散装、包装、礼盒等；产品种类有葛粉、山茶油、葛桃酥饼、银鱼、酒糟鱼、花生、芝麻油、芝麻糊、草菇、板米粉等；销售方式有直营店、网络商城、淘宝、天猫、微商城、京东、拍拍、1 号会员店。

爱进的品牌优势：一是优质的服务。线上提供 24 小时在线服务。客户不仅可以找售前客服咨询商品问题，还可以找售后客服查询快件、退换货进度以及其他售后问题，并且对客户服务满意度进行打分以及投诉客服，最终的目的就是通过优质的服务提高客户满意度。二是过硬的商品质量。为了提高产品质量，保证食品天然无公害，公司以有机转换的葛粉和山茶籽为原材料，让消费者更加放心，增强客户的忠诚度。三是舒适的线下 O2O 体验店。爱进在经济开发区建立了 300 多平方米的线下 O2O 体验店。在线下 O2O 体验店，顾客不仅可以听到舒适的音乐，还可以免费品尝爱进特产、免费品茶、免费上 Wi-Fi。更贴心的是，店里为 VIP 会员提供了独立小包间，让客户真正品尝到爱进食品的美味、真正体验到"宾至如归"的感觉。

在当今高速发展的电子商务中，网络推广和网络营销一直都是企业家们所关注的话题，而话题的中心就是在提高企业品牌知名度的同时提高业绩。因此，品牌营销的核心在于如何打动消费者，让企业的品牌深入消费者的心坎里，让消费者认识品牌、了解品牌、信任品牌以至依赖品牌。公司网上销售葛粉和山茶油一直都受到顾客的好评，且销量火爆。葛粉2013 年开始上架，当时每天只有几包的销售量，现在每天都有几百包销售量；公司销售的葛粉系列产品品种多样，口感与众不同。"爱进"牌葛粉及山茶油原料都被认定为有机转换产品，葛粉是以葛根为原料，经科学加工、无菌包装而成，产品口感细腻。葛根粉也称葛粉，内含 12% 黄酮类化合物如葛根素、大豆黄酮苷、花生素等营养成分，还有蛋白质、氨基酸、糖和人体必需的铁、钙、铜、硒等矿物质，是老少皆宜的名贵滋补品，有"千年人参"之美誉。

产品要畅销，首先要有销售渠道。特产销售渠道一般都是直接进入商超或是从厂家到经销商再到零售商的流通模式，以及大家都在重视的团购市场。

从 2012 年开始，公司就实现了网络平台到线上销售的快速发展，为特产提供了更多的终端展示和交易平台，使之突破了传统旅游商业街、车站等销售终端的限制，为特产食品的市场消费提供了极大的购买便利性，也为企业提供了生存和发展的市场机会。

一个新兴特产品牌要想成功地切入网络市场，并摆脱行业的种种掣肘，必须在行业销售模式上做新的尝试。不仅要有效提升当前销量，而且还要塑造自己的特色品牌。公司认为，选择建设网络渠道是一个不错的考虑方向。一般的特产消费者购买一次尝鲜之后就失去了新鲜感，没有必要购买第二次、第三次。网络上众多的品牌，尽管很难叫出名字，但是毕竟渠道成熟、网购者也就关注品牌了。

二、模式简介

1. 模式概括　2018 年，由爱进特色农业发展有限公司牵头，以进贤县富盛种养专业合作社、进贤县天盛种养专业合作社、进贤县三胜农业专业合作社、进贤县李渡平艳家庭农场、进贤县盐店家庭农场、进贤县国辉家庭农场、进贤县宝亮家庭农场、进贤县明德家庭农场、进贤县凯德家庭农场、进贤县友冬家庭农场、进贤县员明家庭农场、进贤县玲珑家庭农场、进贤县周付家庭农场等单位和个人为经营主体，率先创建实施了"龙头企业＋合作社＋家庭农场"的农业产业化联合体。

联合体内各经营主体通过合同协议、制订章程等形式，规范契约关系，切实保障要素共享，将"外部合作"真正变为"内部行为"，将政府"搭台"变成了经营主体"主动参与"，合力破解发展瓶颈。联合体的工作任务重、涉及面广，为了提高工作效率、增强组织协调性、全面推动联合体工作顺利开展，特成立了联合体成员领导小组，具体负责对进贤县爱进特色农产品产业化联合体工作的组织实施、监督管理，所有成员各司其职，共同保持联合体的良性发展。

联合体的经营宗旨：以科技为先导，以市场为导向，以种植业为基础，以爱进公司为龙头，积极推进特色农业产业化经营的进程，优化资源配置，互联互通，拓宽农产品流通渠道，拓宽农业融资渠道，增强联合体成员抗风险能力，保障联合体资产的增值、增效。

创建实施了"龙头企业＋合作社＋家庭农场"的农业产业化联合体

↓

联合体内各经营主体通过合同协议、制订章程等形式，将"外部合作"真正变为"内部行为"

↓

以科技为先导，以市场为导向，以种植业为基础，以爱进公司为龙头，积极推进特色农业产业化经营的进程

发展模式

2. 发展策略　龙头企业负责提供农产品生产的相关要求，向家庭农场提供价格优惠的种子和肥料，在生产投入品使用的关键期进行检查，对合作社、家庭农场实行"五统一"管理，即统一种植规划、统一良种供给、统一技术指导、统一农资供应、统一价格收购。一方面，通过"团购"使农民享受到了低价而优质的农资和生产性服务；另一方面，通过"统管"起到增收节支的作用，且有效破解农产品质量监管难题，实现了

源头管控、全程可追溯；此外，还制定了相关企业收购标准，对有机绿色产品及富硒产品进行检测，并按协议规定以高出市场5%～10%的价格收购农产品，增加农户收入。龙头企业充分提高产品的利用价值，搞好深加工综合利用，不断提高农产品品质，并利用线上销售模式进行推广（微商城众创平台、京东商城、O2O体验中心、淘宝企业店和C店、阿里1688、企业官方网站），改进销售模式，发展农户销售网点，提高农户利润。各专业合作社培养农村适用技术人才，定期培训一线技术骨干，搞好种、养、加试验示范，对合作的家庭农场提供种植技术指导，对有困难的农户进行一对一培训。各家庭农场采购龙头企业的种子、化肥，按相关标准种植，控制农业生产用水量，减少化肥、农药的用量，出售合格的农产品给龙头企业。合作社及家庭农场可将合作产品（非深加工）放置于龙头企业网络平台直接统一销售，以增加农户收入。同时，龙头企业每月发起2～3次联合体全员大会，培训合作社、家庭农场开展线上业务，以拓宽销售渠道和增加收入。

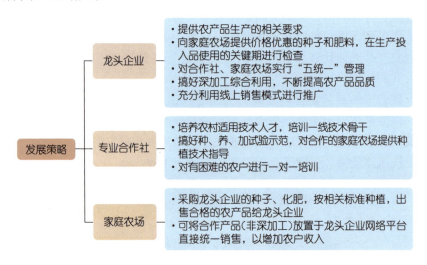

三、利益联结机制

爱进特色农产品产业化联合体2018年销售额首次突破9 000万元，上缴税收200余万元，带动农户2 000户以上，农户平均增收3 000元左右，取得了良好的经济效益和社会效益，成为乡村振兴的主力军、脱贫攻坚的突击队。在农副产品加工行业，爱进特色农业发展有限公司在全省排名前10。"产业化联合体"的有效运行，既弥补了各自短板又发挥了各类经营主体本身所具有的优势，达到了"1＋1＋1＞3"的效果。

本着精准扶贫政策"谁贫困就扶持谁"，公司在进贤县各乡镇建立了精准扶贫种植基地，共有 504 户没有劳动能力的建档立卡贫困户以土地经营权入股、以股份和薪资的形式获得收益。2018 年，入股农户年均分红 6 650 元，人均年收入 12 252 元。厂区加工车间设立了扶贫车间，现有 30 个贫困户在车间就业，月工资 2 900 元。

四、主要成效

1. **经济效益和社会效益绩效评价**　随着电子商务的飞速发展，越来越多的人开始网购，而且网购从原来的小群体走向大众化。公司紧跟时代潮流、不断加大电商投入，不仅为进贤特产打开了一个新的销路，提高了销售额和销售利润，而且促进了公司从传统粗放型经营方式向高科技、集约型经营方式的转变，有效提高了资源利用率，提高了产业层次，延伸了产业链，加速了爱进品牌的推广。

爱进电子商务的建设不仅增加了公司和农产品种植农户的经济收益，而且带来了良好的社会效益。

（1）促进了国民经济信息化的发展。电子商务是国民经济和社会化的重要组成部分。发展电子商务是以信息化带动工业化，转变了经济增长方式，提高了国民经济运行质量和效率，走上了新型工业化的发展道路。电子商务的快速发展，促进了国民经济信息化的发展。

（2）帮助国家实现"全民共富"的战略目标。发展中的我国正面临贫富差距过大、广大人民群众基本保障不足的发展瓶颈，而国家经济发展的战略目标就是"全民共富"。爱进为了响应政府"全民共富"的号召，带动当地农民增收致富，2015年，公司在经济开发区投资1亿元，并与进贤县各乡镇的农民签订了4 000余亩的农产品合同，推动了农民增收、农业增效，为实现"先富带后富，共奔富裕路"美好愿景作出了自已应有的贡献。

(3) 促进了地区经济发展，缓解就业压力。爱进是进贤销售本地特产的唯一一家企业，由于以前宣传得少，所以只有进贤本地人知道爱进特产。随着电子商务的开展，上海、北京、广东等地的人也开始了解爱进特产、购买爱进特产，从而促进了当地农产品销量的大幅提高。不仅促进了地区经济的快速发展，而且增加了就业岗位、缓解了就业压力。

(4) 激发了产业联动效应。爱进电子商务的建设不仅直接有利于公司自身的发展，还能培育和促进上游加工业、物流业、信息业、策划业等的发展，从而培育和带动一个产业群。

2. 企业电子商务平台在省内同行的知名度评价、示范作用和推广价值评价 电子商务平台为顾客和公司搭建起一个互助网络营销平台，通过平台进行网络销售，消费者来源于网上。电子商城的订购功能非常强大，集批发、零售、团购及在线支付等功能于一体的订单创建和费用支付，为公司的产品服务、销售、物流提供了帮助。

电子商务平台采用"政府支持、资源共享、专业服务、企业受益"的模式，为消费者提供全流程的电子贸易服务。网上商城、网上商铺、产品推广、竞价排名、广告服务等功能帮助客户和合作伙伴取得了成功，保持销售额的稳定增长，从而开拓了市场、降低了成本等。

电子商务平台的建设促进了传统经营方式的转变，提高了资源利用率，增加了商户的经营收益，同时提升了产业层次、延伸了产业链，并促进了电子商务技术水平的提高，加速了自主品牌的推广。

电子商务平台价格指数的基础数据来源于传统市场的交易终端，信息及时准确，能为市场经济研究提供可靠的科学数据，具有很高的推广价值。数据获取不仅做到了低成本而且实现了高效率，还给客户和企业带来相应的价值。

五、启示

公司成立以来，各项工作取得了显著成就，无论是员工的精神面貌还是职工的各项待遇都有了很大的提高，实体店及电子商务平台业务的开展都得到了全面提升。为了实现长远发展，公司抢抓机遇，制定了发展规划目标。

　　力争通过公司所有员工的不懈努力，大力开拓、维护电子商务平台及实体店业务，让公司年销量稳步增长，同时带领进贤县农户收入稳步增长、共同致富。为了保持业绩增长，公司拟订如下计划：

　　1. **产品开发与技术创新计划**　产品开发与技术创新是实现公司稳步增长的重要战略之一。公司产品开发与技术创新将结合生产经营和中长期发展规划，实现创新发展。一方面，不断调整现有产品的口味；另一方面，利用进贤的原料资源优势，结合公司现有的生产技术条件或引进更好的生产方案，开发适合客户需求的产品。

　　2. **客户开发计划**　公司一直把"以客户为中心"作为公司的基本经营战略和竞争手段，加强质量监控和新品开发，取得了一定的成绩。公司将进一步加强区域销售网络，加大代理、线上线下销售渠道的开拓建设，同时更要加强质量监控，加强与客户关系管理建设，加强网络营销和品牌建设。

　　3. **人员扩充计划**　要持续保持创新能力和竞争实力，人才是关键。因此，公司制定了人力资源发展计划，重点吸引网络营销人才、管理人才、生产技术人才等，通过不断引进和培训人才计划，逐步建立一支高素质的人才队伍。

江西景德镇：三贤电子商务有限公司

导语："瓷韵茶香，唯有浮梁！"优越的地理条件和厚重的历史文化底蕴，孕育了浮梁"瓷之源""茶之乡"的美誉。不可逆转的电子商务时代，为让更多茶、瓷爱好者享受瓷都瓷、浮梁茶的惠泽，三贤电子商务有限公司应运而生。

2014年9月，在中国小康网、江西频道事业发展部、浮梁县政府、浮梁茶业协会的大力支持下，鹏辉茶叶专业合作社总经理杨秀贵注资组建了三贤电子商务有限公司，并成为江西省唯一获得省政府备案的电子商务公司。

公司依托浮梁厚重的历史文化底蕴和丰富的本地特产，联合产地各方面资源优势，推广浮梁县茶、瓷、土特产及浮梁文化，推动浮梁地区的经济发展，力争再现"浮梁歙州，万国来求"的贸易辉煌！

一、主体简介

三贤电子商务有限公司是景德镇一家专门从事网络推广、销售浮梁茶的电子商务公司，旗下拥有鹏辉茶叶专业合作社和浮梁县三贤茶叶销售有限公司，并在景德镇、乐平、深圳等地设有多家直营店和网络代销点。

公司创建以来，在总经理杨秀贵的带领下，上下齐心协力，致力于电商发展浮梁茶、瓷和土特产。公司发展迅速，在短短两年多的时间里，不但建立健全了公司内部管理机制，而且完善了2个平台（浮梁茶门户网站、三贤电子微信公众平台）支撑3个淘宝店面（正宗浮梁茶淘宝店、三贤茶具淘宝店、浮梁茶商城）的网络构架。

三贤电子商务平台提供灵活多样的商品展示空间，消费者查询、购物不受时间和地域的限制。依托景德镇便利的交通和四通八达的物流体系，公司让消费者充分享受"足不出户，坐享其成"的便捷。秉承"开放、透明、协同、繁荣"的理念，通过开放平台，发挥浮梁"一瓷二茶"产业链的协同效应，为商家和消费者之间提供一站式服务，大大降低了客户的购物成本，真正做到了"货真价实、物美价廉、按需定制"。

公司通过提供销售平台、营销、支付、技术等全套服务，在为企业开拓市场、建立品牌、文化推广和再就业等方面作出了贡献！

公司自创建以来，上下齐心，在短短两年多的时间里，一切从零开始，从无到有，成功搭建了浮梁茶网络宣传、交易平台，架构了浮梁茶门户网站、浮梁茶京东店、浮梁茶淘宝店、拼多多店、微信公众平台、浮梁茶微商城等平台，并且通过网络运营，实现了浮梁茶网络销售的第一步，打破了原有传统销售模式的地域局限，揭开了电商发展浮梁茶的序幕。

浮梁茶门户网站

浮梁茶淘宝店

浮梁茶京东店

通过网络营运和推广，公司茶、瓷、土特产线上线下销售业绩连年上升，2015年同比2014年销售额增长30％～50％，2016年同比2015年销售额增长50％～70％。2018年销售额突破了500万元，大大提升了浮梁茶、瓷、土特产的影响力和市场占有率。

三贤电子商务有限公司成功的要素主要体现在以下3个方面：

1. 优质的产品和浮梁深厚的文化底蕴　浮梁县，位于江西省东北部，地处赣皖两省交界处，东邻婺源县，西毗鄱阳县，北连安徽省祁门县和东至县。浮梁县山高林密、植被丰富，森林覆盖率达81.4％，是国家级生态县、江西省首批生态文明先行示范县和全省绿色有机农产品示范县。

优越的地理条件和生态环境造就了浮梁农产品卓越的品质，绿色、原生态、无公害、有机等特点独树一帜，有口皆碑！瓷韵、茶香以及各具特色的土特产都是享誉全国甚至世界的产品，更是一张张对外的名片！

浮梁农产品发展至今，已形成自身独特的区域文化和特色，同时也是浮梁经济的支柱性产业。在国家政策的引领下，浮梁县各地依托地理优势，各类特色农产品企业如雨后春笋般成长起来，一片欣欣向荣的景象！

浮梁茶，外形以紧、细、圆、直而著称；色泽以干显翠绿、湿显金黄形同玛瑙色而特别；香气以板栗、兰花香而独有；滋味以醇爽、润喉、回甘而珍贵；做工以精细独特而闻名。

浮梁产茶历史悠久，始于汉，盛于唐。据考证，汉代开始即有僧人种植和采集茶叶；至唐代，茶叶加工和贸易开始兴盛。《元和郡县图志》记载：唐元和八年（813年），浮梁“每岁出茶七百万驮，税十五余万贯”，印证了唐代著名诗人白居易《琵琶行》（816年）中“商人重利轻别离，前月浮梁买茶去”的佳句。中唐元和年间（806—820年），浮梁成为赣北、皖南茶叶的主要集散地。唐·王敷《敦煌变文集》中记述“浮梁歙州，万国来求”，描述了中唐元和年间浮梁茶市的盛况。“仙芝”“嫩蕊”“福合”“禄合”等茶，以其“形美、色艳、香郁、味醇”四绝，历宋、元、明、清数代而不衰，成为经世品牌，诏为贡品。明代汤显祖在《浮梁县新作讲堂赋》中对浮梁茶作出“浮梁之茗，闻于天下”的赞美之词。

2. 双赢的合作模式　三贤电子商务有限公司的整体运营模式为“基地生产＋电商销售”，即各个生产基地只需提供产品，由三贤电子商务有限公司进行包装和销售。

浮梁茶及浮梁农产品规模小、产量低，难以形成规模效益；生产投入不足，难以形成产业优势；传统、落后的营销模式，难以宣传和推广。这些都严重制约着浮梁农产品企业的发展。

现代经济的模式和导向基本上都是“以销定产”，销量带动产量。所以，要发展浮梁农业，关键就是解决推广与营销。

三贤电子商务有限公司利用现代网络的便捷解决了浮梁茶及浮梁农产品的推广与销售问题。公司总经理杨秀贵前期带领员工到浮梁茶生产企业以及其他农产品生产企业寻求合作，大多企业都认为是"天上掉馅饼"、不理不睬，在杨秀贵多次登门后看到诚意，才抱着试试的心理与公司签订合作协议。2015年，公司与浮梁茶旗下的浮梁县昌南茶叶有限公司、浮梁县浮梁贡茶叶有限公司、浮梁县瑶里茶叶有限公司3家企业签订了合作协议。拿到产品后，在杨秀贵的带领下公司所有员工连夜奋战，拍图片、写详情、作文案、上传产品信息，并且自掏网络推广费用，仅2015年销售推广费用就达到了80多万元。辛勤的付出终于获得丰厚的回报，仅2015年三贤电子商务有限公司网络销售浮梁茶销售额达260多万元，成功提高了浮梁茶的市场占有率和市场影响力。同时，公司也获得浮梁县茶叶局和浮梁县农业局的关注，公司先后与浮梁县茶叶局合作创建了浮梁茶门户网站与浮梁县农业局合作创建了浮梁农产品门户网站，开启了网络宣传销售浮梁茶与浮梁农产品的新篇章。在政府的引导下，先后有28家浮梁茶企业以及浮梁茶专业合作社入驻浮梁茶门户网站进行宣传销售，为浮梁茶形成整体优势、规模优势打下了坚实的基础。浮梁农产品企业以及专业合作社也在浮梁县农业局的引导下先后有32家农产品企业入驻浮梁农产品门户网站，为浮梁农产品形成整体优势、规模优势打下了坚实的基础。同时，三贤电子商务有限公司也获得充足的产品资源。

公司主要产品品牌：浮梁茶及其他品牌。

公司主要产品：浮梁茶（红茶、绿茶、花茶）、景德镇瓷器（餐具、茶具、装饰瓷）以及浮梁土特产（木耳、香菇、干豆角、干辣椒、碱水粑、蜂蜜、红糖、菊花、大米等）。

🌿 **浮梁茶系列**

浮瑶仙芝2018高山高级…

浮瑶仙芝2018明前特级…

浮瑶仙芝2018明前红茶

昌南雨针2018明前特级…

昌南雨针2018明前特级…

昌南雨针2018明前绿毛峰

2018浮梁贡明前高山红茶

2018浮梁贡高山绿茶

赣森高山红茶

赣森高山绿茶

赣森明前高山绿茶

赣森明前高山绿茶

3. 高端的网络技术人才 公司自成立以来，坚持"以人为本"理念，不仅先后在全国招聘了大量的网络技术人才，而且每年派遣公司员工到杭州进行电商培训。公司在短短两年多的时间里，不但建立健全了公司内部管理机制，而且形成了自有的核心技术力量。

发展要素	优质的产品和浮梁深厚的文化底蕴	・浮梁山高林密、植被丰富，森林覆盖率达81.4%，优越的地理条件和生态环境造就了浮梁农产品卓越的品质
	双赢的合作模式	・采用"基地生产+电商销售"运营模式，即各个生产基地只需提供产品，由三贤电子商务有限公司进行包装和销售
	高端的网络技术人才	・在全国招聘了大量的网络技术人才 ・每年派遣公司员工到杭州进行电商培训

二、公司成就

1. 与百度、泛亚等网络公司合作，推广浮梁茶，公司获得 2017—2018 年度"百行先锋会员"称号。

2. 加大了浮梁茶门户网站的推广力度，提高了浮梁茶的影响力。浮梁茶门户网站关键词在各大搜索引擎的搜索排名始终保持前三。

3. 不断提高浮梁茶门户网站的点击量和点击率，浮梁茶门户网站的网络权重一直呈上升趋势。

4. 阿里巴巴茶叶批发平台，关键词"浮梁茶"搜索率、排行榜、转化率均排名第一。

5. 在公司微信公众号和今日头条、微淘等网络平台发表浮梁茶相关软文，推广浮梁茶，相关文章点击量、阅读量不断增加，扩大了浮梁茶的影响力。

6. 为浮梁茶以及浮梁农产品形成区域优势和规模优势打下了坚实的基础。浮梁茶统一包装、统一宣传、统一销售，加速了浮梁茶品牌建设进程。

7. 提高了浮梁茶的市场份额和市场占有率。

三、发展战略

1. 进一步加大浮梁茶以及浮梁农产品的推广力度，不断提高浮梁茶以及浮梁农产品的影响力和市场占有率。

2. 以浮梁茶网络推广、销售为样板，开展景德镇瓷器的网络销售。

3. 通过资源整合，依托浮梁风景区旅游优势，以浮梁茶和景德瓷为主题、以合作基地为载体、以旅游为内容、以市场为动力，将茶园、瓷厂建成旅游景区，开发成旅游产品，将茶、瓷文化打造成旅游品牌，实现茶瓷旅文化一体化、茶旅品牌一体化、茶旅产品一体化。

4. 打造自己的品牌，提升产品的品牌效益。

四、启示

1. 浮梁农产品现状 优越的地理条件和生态环境造就了浮梁农产品卓越的品质，绿色、原生态、无公害、有机等特点独树一帜、有口皆碑！瓷韵、茶香以及各具特色的土特产都是享誉全国甚至世界的产品，更是一张张对外的名片。但产品规模、产业优势以及营销模式都严重制约着浮梁农产品企业的发展。如何让浮梁农产品企业保持持续发展态势是推动浮梁农业发展最关键的问题，而以销定产、销量带动产量是解决浮梁农业发展问题的关键。

2. 电子商务发展浮梁农产品势在必行 浮梁农产品传统的营销模式，面临现代电子商务的严峻挑战。浮梁农产品应顺应时代变化，转变传统落后的营销理念，大力发展电子商务，从而扩大浮梁农产品的影响力和市场占有率。

3. 电子商务发展浮梁农产品值得期待 国际互联网是集现代通信技术、计算机技术于一体的世界上最大的计算机互联网络。相对报刊、电视、广播，互联网被称为第四媒体，具有许多传统媒体无法比拟的优势。覆盖面积广、影响力大、开发性强、高效、便捷、低成本等特点是电商发展浮梁农产品最大的优势！

电子商务的特点适合发展浮梁农产品。电子商务提供了灵活多样的商品展示空间，消费者查询、购物将不受时间和地域的限制。便利的交通和四通八达的物流体系，让消费者充分享受了"足不出户，坐享其成"的便捷。电子商务为商家和消费者之间提供一站式服务，大大降低了客户的购物成本，真正做到了"货真价实、物美价廉、按需定制"。

上网购物已然成为一种趋势！今后大多商品交易都会通过电子商务来实现。浮梁农产品在政府的推动下，规模化、集约化逐步形成，浮梁农产品的影响力也越来越大，为电商发展浮梁农产品提供了一个良好的氛围和市场基础！

江西分宜：菜东家农业发展有限公司

导语： 菜东家农业发展有限公司（以下简称"菜东家"）坚持为农服务和自主创新的理念，造就了其"中国农产品流通领域信息化解决方案"的服务目标。在立足解决区域非标农产品流通难题、优化传统供应链管理的前提下，"菜东家"通过消费数据引导地方农产品实现订单式生产，提升农业产业化水平，避免农作物盲目生产导致的滞销问题，为当地贫困户的产品销售找到了可持续销售的通路，让贫困户实现真正脱贫。通过农产品溯源体系、农残快速检测体系及食品安全保险来有效改善食品安全环境，提高人民健康生活质量；通过基地建设与食品安全检测，从源头上解决食品安全问题，保证消费群体的食品安全性。

2018年，"菜东家"获得了"农业产业化龙头企业""电子商务示范企业"的称号，"菜东家"的软件公司被授予江西省"高新技术企业"称号；"菜东家"董事长获得了"中国农村电商致富带头人""社会扶贫十佳先锋""分宜县优秀人才"等荣誉。面对县域电商的广阔前景，"菜东家"初心不改、砥砺前行，争做中国生鲜第一品牌。

一、主体简介

菜东家农业发展有限公司于2016年10月成立，注册资本1 000万元，公司拥有独立的软件技术开发团队和标准化示范基地。总投资3 000万元，其中软件系统投资300万元，已开发出非标农产品生鲜配送SaaS系统、魔镜三品安全追溯系统、农产品供应链系统、云仓管理系统、智能温控系统、车辆管理物联网系统等。公司在江西省分宜县设立生鲜配送服务示范基地，为全国各地生鲜配送服务客户提供软件技术开发及电子商务平台服务。

公司集实用信息技术软件开发、生鲜食材配送于一体，组建了一支经验丰富、技术力量雄厚的开发团队，拥有软件工程师20余人，配送、分拣、质检人员20余人。公司创建的食材B2B平台，一直致力于用前卫的生态理念和先进的科技颠覆中国农业市场，帮助全国千万家食堂、餐厅做采购。缩短农产品流通环节，降低用户供应链成本，减少供应链人力资源。旨在打通流通环节，以流通串联生产者和渠道，降低损耗，提高效率。为用户提供省时省力、省钱省心、绿色健康的原材料，实现全程无忧的采购。通过对种养、采购、质检、仓储、物流等流程进行科学精细化的管理，解决农产品滞销问题。目前，已为全国 200 多个生鲜配送企业提供了"菜东家方案"。每个生鲜企业的注册用户平均为 186 家，注册总用户达到了 42 780 家食堂和餐饮客户。

二、模式简介

1. 模式概括　"菜东家"创立的"企业＋电商平台＋村委＋专业合作社（包括贫困户）"模式，契合了当地政府农业产业精准扶贫工作，帮助全国千万家食堂、餐厅做采购，解决了农产品滞销问题和市民的食品安全问题，实现了本地农业订单式生产的目标，支持农民专业合作社、家庭农场种养业发展，构建了完善的集信息发布、供求交易、农残检测、冷链仓储、物流配送、农产品溯源、社区农贸于一体的"菜东家"新零售商业模式，助力提升当地农产品品质，带动农副产品标准化、集约化、规模化、品牌化发展。深入建设和完善农村电子商务公共服务体系，助推农产品"上行"，培育壮大电子商务市场主体，推动农村商务成为农村经济社会发展的新引擎，全面促进农民增收和农业增效，助力乡村全面振兴。

采用"企业+电商平台+村委+专业合作社"的发展模式
- 解决农产品滞销问题和市民的食品安全问题
- 实现本地农业订单式生产的目标，支持农民专业合作社、家庭农场种养业发展，构建"菜东家"新零售商业模式
- 助力提升当地农产品品质，带动农副产品标准化、集约化、规模化、品牌化发展
- 壮大电子商务市场主体，推动农村商务成为农村经济社会发展的新引擎

　　发挥移动互联网、大数据、云计算等信息技术在农业生产要素配置中的优化和集成作用，推进物联网技术在农业生产、经营、消费与管理方面的应用。以农业物联网试验示范、信息进村入户、农业大数据等为抓手，统筹线下线上，加快发展智慧农业工程。通过扶贫局、供销社、农业农村局与村委会协调，专业合作社带动贫困户进行订单式产业种植。村委会组织土地流转后，"菜东家"根据平台数据，以土地作为股金以分红的形式参与到产业发展中来。合作社组织贫困户按"菜东家"平台大数据销量排名来种植，引导当地农产品实现订单式生产，建设蔬菜种植、特种养殖等

农业产业基地，提升当地农业产业化水平，从而做到以销定产。通过对当地农业经济作物进行综合布局，破解了地方农作物盲目生产导致的产品滞销难题。这样便有效地解决了农产品销售问题，从而让贫困户实现了真正脱贫。

"菜东家"区域供应链服务平台项目的服务对象：一是原产地食材生产者，主要有种养基地、合作社、农户等生产者；二是区域内食材需求者，包括学校、政府机关、企业、医院、部队、餐饮、商超等需求者；三是区域内需帮扶者，主要有种养贫困户、残疾人、低学历从业者及其他政府建档立卡贫困户。

"菜东家"项目属于新型的"基地（农户）＋互联网＋安全检测＋连锁配送"的区域生鲜电商 B2B 模式，其适用场景如下：

● 适用于"鲜活"且不易长距离流通的食材，可实现本地生产、本地销售，使鲜活产品保有"鲜"字；

● 适用于"小农生产"的无生产规模、标准化程度低的鲜活食材；

● 适用于从田间采摘至消费者餐桌极短时间内可实现的生鲜流通；

● 适用于实现本身价值最优化回归而非附加值价格居高不下的生鲜食材；

● 适用于改善生鲜食材安全环境，通过基地（农户）食品安全检测，从源头上解决食品安全问题；

● 适用于推动智慧农业发展，通过生鲜大数据分析引导当地农产品精准化生产；

● 适用于政府单位或企业经营者成本控制、账务清晰、价格可视化透明核算；

● 适用于生鲜食材终端需求用户，利用手机 App、微信小程序、微信公众号等即可实现点单功能；

● 适用于生鲜配送企业智能化处理订单、采购备货、高效分拣、安全配送、全程监控等。

2. **发展策略** 公司开发的"菜东家"生鲜电商系统是在大城市成功实践的基础上，扬长避短，结合区域经济的特点和行业的特点多次修改升级，完成了从软件开发到 VI 系统设计、农产品溯源系统、业务流程体系、员工培训体系、供应链体系、食品安全保障体系的建设，创建了适合区域发展的生鲜电商模式。同时，首次在业内提出"本地化、短半径的区域生鲜电商模式"。目前，公司拥有专利技术 10 多项。"菜东家生鲜 O2O 系统"是公司的核心技术，2016 年 11 月获得软件著作权，现已升级到 3.0 版本。"菜东家"系统为传统食材配送企业向电商转型快速发展提供了有力的技术保障，为全国各地的生鲜配送企业提供了"菜东家方案"。"菜东家"系统有效地解决了合作伙伴的经营痛点，帮助合作伙伴实现了线上营销、订单处理、采购分拣、物流排线、库存管理、交易结算的全流程信息化运作，为合作伙伴提供了"软件＋硬件＋咨询整体解决方案"服务。

（1）坚持"安全"理念。"菜东家"认为，消费者难以辨别"绿色、有机"的生鲜产品，但对"安全食品"的认知却是一致的。"菜东家"就是要把好"安全"这一关，将安全的经营模式做到极致。公司借助基地建设和信息化技术手段，多头并进抓安全。

在食品安全上，"菜东家"采用"四大"安全保障体系：一是基地直采。让生产者按照标准来生产和种养，从源头上保证提供食品的安全性。二是农残检测。进一步与防疫部门和检测部门合作，用技术手段让食品安全实现可控，让消费者真正放心。三是可视监控。通过给基地和分拣中心安装监控设施，物流上连接车辆跟踪物联网系统，做到食材从生产到销售的可视化，在全程监控下开展工作。四是签订保险。凡是"菜东家"的加盟合作伙伴，都必须与保险公司签订食品安全责任险。严格把控最后一道安全关卡，建立安全风险的最后屏障。

（2）建立标准化体系。"菜东家"区域生鲜供应链服务平台以互联网技术为支撑，形成了一套标准化的业务流程体系、供应链管理体系和食品安全保障体系。

（3）解决传统流通渠道的痛点问题。围绕传统流通渠道的痛点问题，"菜东家"建立了拥有独立知识产权的非标农产品生鲜配送平台系统、质量安全追溯系统、农产品供应链系统、车辆管理物联网系统，实现了对商流、物流、信息流、资金流的优化，提升了生鲜农产品供应链效率。目前，已为全国200多个生鲜配送企业提供了"菜东家方案"。

"菜东家"提供基于SaaS（Software as a Service）平台的技术服务。区别于传统的软件，对于传统配送企业而言，SaaS无须购买软硬件、建设机房、招聘IT人员，部署一套SaaS化的电商系统只需传统配送行业1/100～1/10的投入成本，即可以通过互联网享受到信息服务。"菜东家"的信息管理系统同时满足了业务流程与运营管理的双重需求，系统功能涵盖了商品信息管理、下单采购管理、入库分拣管理、智能云仓管理、运力监测、数据决策以及财务核算等多个方面。信息系统与配送企业形成了双向反馈机制，及时满足配送对不同功能的需求，并通过运营中心的自营试错，推动系统不断迭代更新。目前，"菜东家"根据大中小型配送企业的不同需求，推出了多个功能版本，并做到系统功能每周更新，不断提升企业的运营体验。从下单-分拣-配送-财务管理各个环节不断迭代升级，满足生鲜配送不同场景的需要。

（4）发展智慧农业、订单农业。"菜东家"是一家以专业生鲜蔬菜配送业务为载体，旨在通过公司软件的核心技术，对种养、采购、质检、仓储、物流等流程进行科学精细化的管理，实现本地农业订单生产的目标，支持农民专业合作社、家庭农场发展种养业。公司建立了完善的集信息发布、供求交易、农残检测、冷链仓储、物流配送、农产品溯源、社区创业平台于一体的新零售商业模式，着力提升项目所在地农产品品质，带动农副产品标准化、集约化、规模化、品牌化发展，以满足人民日益增长的美好生活需要。

本地化、短半径的区域生鲜电商模式

- 坚持"安全"理念。采用"四大"安全保障体系：一是基地直采，二是农残检测，三是可视监控，四是签订保险
- 建立标准化体系。以互联网技术为支撑，形成了一套标准化的业务流程体系、供应链管理体系和食品安全保障体系
- 解决传统流通渠道的痛点问题。建立了拥有独立知识产权的非标农产品生鲜配送平台系统、质量安全追溯系统、农产品供应链系统、车辆管理物联网系统，实现对商流、物流、信息流、资金流的优化
- 发展智慧农业、订单农业。通过公司软件的核心技术，对种养、采购、质检、仓储、物流等流程进行科学精细化的管理，实现本地农业订单生产的目标，支持农民专业合作社、家庭农场发展种养业，建立了新零售商业模式

三、利益联结机制

建设村是分宜县双林镇所辖的一个较偏僻的村子，由于产业结构单一，村民收入较低，2012年被列为新余市贫困村。为了摘掉贫困村的帽子，村委会将培育壮大张家坊传统红芽芋产业作为增加农民收入的重要途径。通过土地流转，西边和东边两个村小组新建了一个200亩的芋子种植基地，采用"基地＋农业合作社＋农户"模式，组建了农民专业合作社。在"菜东家"的支持下，根据销售市场的需要及本身的电商优势，村委会对红芽芋走向广阔市场进行了详细的策划，从产品种植、管理到上市的包装与销售，制订了既走高端路线又适应本地市场的全程帮扶方案。该村的红芽芋品牌价值得到了提升，线上线下均获得了良好的口碑，产品很快销售一空。

2018年7月，一条由分宜县凤阳镇政府领导发出的"凤阳礼堂村贫

困户种植的冬瓜滞销"消息刷爆了朋友圈，获知消息的"菜东家"掌门人钟亮及时安排公司采购人员，将贫困户的滞销冬瓜全部收购，利用"菜东家"销售平台，把凤阳贫困户的滞销冬瓜全部销售一空。

随后，"菜东家"产业扶贫模式在分宜全县推广。2019年，陆续与操场乡桂村、山泗村签订了800亩的优质水稻产业扶贫种植基地合同，与双林镇建设村、东边村签订了300亩的红芽芋产业扶贫种植基地，与钤山镇下田村签订了80亩的南瓜产业扶贫种植基地合同等。"菜东家"产业扶贫模式随着业务的深入发展，带动分宜本地农产品的销售量一直攀升，2017年销售收入400多万元，2018年达到1 100万元，2019年上半年就达1 200万元，而"菜东家"加盟合作伙伴的日均销售额则突破了200万元。

四、主要成效

"菜东家"区域生鲜供应链服务平台建设项目：一是有效改善了当地的食品安全环境，提高了人民的健康生活质量。通过基地建设与食品安全检测，从源头上解决了食品安全问题，保证了当地主要消费群体的食品安全。二是推动了智慧农业的发展，引导当地农产品实现了订单式生产，提升了当地的农业产业化水平。通过农村电商系统运营中心后台的大数据分析，可以预测当地农产品的需求品种与数量，从而做到以销定产。通过对当地农业经济作物进行综合布局，破解了地方农作物盲目生产导致的产品滞销难题，让农村产业扶贫工作更加精准到位。三是推动了企业创业创新，带动地方一二三产业融合发展，实现了电商产业的转型升级。通过此项目的实施，加快了一二三产业的融合，助推了项目所在地电商产业向现代服务业转型升级，也为其他传统企业创新树立了榜样，对推动当地经济发展具有重要的示范意义。

从国外电商发展的经验来看，发展态势良好的生鲜电商基本上都是先深耕某一区域，再逐渐实现跨区域的发展，同时严格限制配送半径，通过增大订单密度来降低配送成本。"菜东家"提出"区域性、短半径"的经营理念，以县或区为单位覆盖B端大客户、优化供应链，并以加盟和服务输出的形式快速覆盖全国，为精准扶贫开辟了一条新路，受到了各地政府的青睐。目前，"菜东家"扶贫模式已经被复制到除海南、天津、上海、重庆以外28个省份的200多家企业。公司今后将以分宜基地为标准化模式，以全国供销合作总社为推手，把菜东家"区域化、短半径"的农村电商扶贫模式快速推向全国。

五、启示

1. **要树立一种永不服输的精神**　生活充满了挑战，任何公司不可能每次都能在前进的路上取得成功，有时甚至会损失惨重。但是，遇到挫折绝不要轻易倒下。只有不畏艰难险阻，才能最后攀上成功的顶峰。

2. **要不断进行知识的探索**　在学习探索的路上会遇到许多人，这些人或成为恩师，或成为挚友。他们有的为你拨开迷雾、指点人生方向，有的给予你无私的帮助，成为你一生的贵人。

3. **要乐于助人**　尽己所能去帮助贫困户，让贫困村早日摘掉贫困的帽子，并把优质农产品卖向全国。

4. **要心怀感恩的情怀**　心怀感恩、回报社会，能让人对世间的诸多事情改变看法，少一些怨天尤人和一味索取。拥有一颗感恩的心，会从另一个角度去看待人生的失意与不幸，永葆健康的心态、完美的人格和进取的信念，企业定会走得更远。

江西庐山：横塘镇羽绒电商

> **导语：** 横塘镇地处江西省庐山市西南端，镇域面积 33 平方公里（其中，耕地面积 600 公顷，山地面积占 56.7%），人口 1.95 万，辖 5 个行政村和 1 个社区，共 66 个村民小组。横塘虽小，但优势独特：一是人文历史悠久。横塘是国家首批非物质文化遗产"金星砚"原产地，在传统的文书工具中留下了浓墨重彩的一笔。1975 年，在西平村宋墓出土的《邵尧夫先生诗全集》《重刊邵尧夫击壤集》，更是被誉为海内孤本，多次选送入京，在故宫博物院展出。二是矿产资源丰富。境内青石储存量达 1.3 亿立方米，覆盖和平、西平、故里垅和联盟 4 村，主要集中在和平村境内，储存量达 0.8 亿立方米。三是羽绒电商产业朝气蓬勃。横塘镇羽绒电商产业经过 30 年发展，规模效应已经形成。现有羽绒生产加工企业 426 家、羽绒电商网店 2 100 余家、现代物流企业 15 家、相关配套企业 85 家，形成了完善的产业链。羽绒电商产业收入占全镇农业经济总收入的 66.67% 以上，58% 以上的农户从事羽绒电商及相关产业。2018 年，横塘全镇羽绒产业主营业务收入突破 50 亿元，其中电商销售突破 37 亿元。仅"双十一"，网络销售量就达到了 543 万件、销售额 2.71 亿元，实现了销售量、销售额的双增收。

一、产业特点

1. 羽绒电商产业发展历程　横塘镇羽绒产业始于 1988 年。当年，横塘镇红星村村民徐德义带着打工多年积攒的 2.5 万元，邀请村里 30 多个有志创业的乡邻，建起了原星子县第一家羽绒厂。经过一番打拼，羽绒厂实现了当年投资、当年盈利。村里人跟样学样，纷纷投资办起了羽绒加工家庭作坊，从制作难度相对较低、物耗材料较少的童装做起，每到下半年就把自己家里生产的羽绒服拿到全国各地摆摊设点、坐地销售。由于价廉物美，作坊生产的羽绒服很快在市场上就站稳了脚跟。2009 年，红星村羽绒企业发展到 198 家，加工产值近 10 亿元。几年后，加工生产出的产品由于销售渠道单一，产品很难销售出去。为此，他们彷徨、苦恼甚至一筹莫展，但他们马上醒悟，羽绒产业的做强做大必须从单打独斗向集团作战的方向发展。于是，在全球电子商务浪潮的推动下，从 2010 年开始，红星村开始"触网"。从坐贾行商、走街串巷、游走销售到直接网上销售，当年开 20 家网店销售额近 100 万元。经过近几年的发展，该村羽绒产业得到了跨越式发展，一批批规模以上企业如雨后春笋般冒了起来，注册商标的企业达 100 余家，年销售额 1 000 万元以上的企业就有 10 家，且大部分集中在淘宝、天猫和阿里巴巴上，成为名副其实的"淘宝村"。如今轻点鼠标，一单羽绒生意顺利接单，每天坐在电脑前专门从事网上销售的多达 500 余人。一个地理位置较为偏僻的村着实创造了令人称奇的淘宝神话。

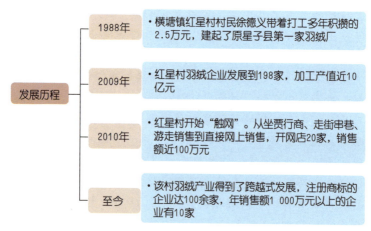

2. 产业运营特点

（1）有政府搭建平台。红星村羽绒服装产业发展了 30 年，有三代人从事这项产业。但是，产品档次低、利润低、税收低，并且缺人才、缺技术、缺资金，急需转型升级，适应市场发展需求。面对这种情况，2015年 3 月，庐山市在红星村规划了占地面积 600 亩的红星羽绒电商创业园。该园是一座集生产加工、营销、仓储物流、电子商务于一体的现代化综合产业园区，引导羽绒服装加工、销售企业到这里生产和经营，形成洼地效应，推进羽绒服装产业发展升级。在省、市两级政府的大力支持下，本着"政企联动、市场主体、整合资源、互利共赢"的原则，创业园顺利实施并投产，整合各类资金 5 000 多万元，用于道路、绿化等基础设施建设。企业按照规划设计要求，统一建设，实行分户经营。目前，一期 53.5 个单元 16.1 万平方米厂房已有 109 家企业完成装修入驻，实现园区主营业务收入 100 亿元，培养规模以上企业 5 家，打造了全国羽绒产业的聚集基地。

（2）有电子商务培训。在江西全省率先组建了以羽绒电商产业为主题的原星子县羽创农民电子商务专业合作社，通过"供销社＋农民专业合作社＋电子商务"的发展新模式，组织了 1 000 多名农民进行电子商务培训。通过合作社的带动，农民通过电子商务实现了增收致富，也增强了当地羽绒企业的竞争及发展空间。同时，加快培育了羽绒电子商务龙头，整合了艾迪曼等 9 家企业组建伽堡服饰有限公司，由龙头企业引导产业转型升级，由卖单季产品向卖全年产品转型。目前，伽堡公司从业人员达 150 余人，年产羽绒服 200 万件、儿童服装 100 余万件，产值达 5 000 余万元。

（3）有完善的产业链。一个产业如果没有完善的产业链，只能是无源之水、无本之木。基于这种认识，他们十分重视产业链的发展，从品牌设计、CAD 制版、商标制作、印花、绣花、粉毛、拉链等一整套生产加工产业链逐年完善，每个产业链均有一两家企业成功运作。在足不出户的情况下，所有羽绒服的原材料在红星村都有原料供应商和批发销售商。红星村羽绒产业链带动了周边整个羽绒产业的蓬勃发展，同时助推农户发家致富。

（4）有健全的快递业。横塘羽绒电商产业的异军突起，带动了当地整个快递业的快速发展。目前仅红星村，每天就有邮政、"四通一达"、联通、天天快递等 8 家专业快递企业专门服务，市场培育已相当完善。每天在这里的快递企业地上、仓库堆放着成千上万的包裹整装待运，平均每家快递企业每天要接单 400～600 单，每天从这里发往全国各地的散件羽绒服多达几千个。尤其是每年"双十一"期间，快递出货量高达 10 余万件。正是由于快递量巨大，当地企业快递成本较低。据当地邮政公司介绍，高峰期平均每单快递价格控制在 3.5 元左右。这个小山村生产加工的羽绒服饰，就这样足不出户通过电商轻点鼠标接单、物流发送即销售到全国各地。

（5）有成熟的发展措施。一是组建资金联盟。选择 5～10 家实力较强的电商企业，共同筹建"互助银行"，支持信誉度好的企业融资贷款，帮助园内小微企业解决融资难题。二是组建生产联盟。选择有规模、有实力、有经验的企业，根据市场订单需求，有效调剂产品生产，最大限度地提高生产率、降低成本。三是组建供货联盟。选择 10～20 家货源充足、质优价廉的供应商，坚持以市场为导向，为企业提供充足优质的货源保障。四是组建物流联盟。整合园内物流资源，成立速递物流中心，实行零担运输和专线运输相结合，进一步降低物流成本，消除投送的盲区和死角。五是政策扶持。把横塘羽绒产业作为庐山市重点支撑产业予以发展，在项目、资金、政策等方面予以扶持。六是重视本土电商人才的培育。通过邀请淘宝、阿里巴巴等国内大型电商平台专家实地指导和培训本地电商从业人员。

二、利益联结机制

横塘镇现有 426 家羽绒生产加工企业，拥有自主品牌 200 余个，可年生产羽绒服 6 000 万件，年引进布匹 1.8 亿米，引进羽绒、棉 4 000 万千克。通过"企业＋农户"的利益联结机制，从业人员超过 3 万人，带动周边乡镇人员就业 3 万余人，其中带动本乡镇农民就业达 1 万余人，全镇农村居民人均可支配收入达 14 893 元，高出庐山市农村居民人均可支配收入 14.25％。

三、启示

1. **区位优势明显** 横塘地处 4 县交界，连接庐山市与共青城市、德安县、九江市柴桑区；地处鄱阳湖和庐山的"中间腹地"，距庐山山体 11 千米、鄱阳湖 5 千米。都九高速、蓼温公路、钱蚌路穿境而过，距绕城高速温泉路口 10 分钟车程，距九江机场 20 分钟车程。2017 年，横塘镇荣获全国"一村一品"示范镇称号。

2. **人才优势突出** 横塘镇羽绒电商产业培养了一大批羽绒加工生产人才。随着电子商务的发展，横塘镇采取"走出去、引进来"的人才战略，选送一批优秀农村青年赴江浙地区学习电子商务技术，同时与九江市电商协会合作建立了横塘镇电商培训中心，每年可免费培训电商人才 1 000 余人，积累了大量的电商人才。

3. **品牌影响广泛** 庐山市红星羽绒电商创业园被评为江西省电子商务示范基地、江西省电商创业孵化基地，拥有横塘镇羽绒自主品牌 200 余个、线上销售皇冠店 400 余个，网络销售额达 37 亿元。其中，红星村荣获"江西省一村一品示范村"，列入江西 4 个"淘宝村"之一，省内主流媒体对横塘的羽绒电商产业火爆销售场景进行了全面报道。

4. **带动作用突出** 横塘羽绒电商产业呈走出镇域、带动周边、辐射一片的发展势头。解决了庐山市蛟塘、共青城市苏家垱等周边乡镇及县区近 3 万人就业，从业人员年收入可达 4 万～6 万元，全镇 80％以上劳动力在家就业，有效地解决了农民工家门口的就业问题。羽绒电商产业在解决就业、增加农民收入的同时，推动了横塘的商贸发展。横塘集镇现有综合超市 3 个、餐饮店 10 多家、各类商店 400 余家，集镇人口达 2 000 余人，流动人口 1 000 余人。

江西抚州：江西亿企通电子商务有限公司

导语：江西亿企通电子商务有限公司运营的抚州市临川区农产品电商运营中心，在临川区和高新区建设了400多个益农信息社村级电商服务站，构建了"全市一张网，共同做电商"的经营格局。遵循"政府＋运营商＋服务商"三位一体的建设运营机制，落实"整体推进、统一运营，典型引路、辐射带动，共享资源、整合发展，建设并重、讲究实效"的要求，推进"一村一社、一社一员"全方面地给益农信息社"赋能"。

自运营以来，先后整合了抚州市各区县名特优农产品300多种，打造了农产品电子商务，实现了线上线下多渠道销售。

全市区县运营中心的可视化业务和部分村级益农信息社网点的可视频交流，带动了实体经济的发展，促进了工业品下乡，也使农产品的进城方式实现了由"扁担"向"鼠标"的转变。

一、主体简介

江西亿企通电子商务有限公司成立于2014年12月25日，成立后开设了亿企通OTO农产品交易中心、抚州市亿企通电子商务技术职业培训学校、抚州市大学生就业创业实训基地、亿企通商城、抚州市临川区亿企通农业专业合作社、临川区农产品电商运营中心等服务平台，通过在市、县设立分中心和村级服务站，构建了"全市一张网，共同做电商"的经营格局，整合了抚州市各区县名特优农产品300多种，打造了农产品电子商务，形成了服务于农民生产生活的品牌效应和规模效应，实现了线上线下多渠道销售。

江西亿企通电子商务有限公司拥有了便捷的交易系统、安全可靠的硬件设施、精诚协作务实创新的运营团队，通过实施平台战略，吸引社会资金、人才、上下游客户资源积极参与，充分发挥电商的平台优势和经营优势形成新的竞争力，实现客户资源互通共享、合作共赢。

二、发展模式

作为江西省抚州市临川区农产品电商运营中心的运营企业，江西亿企通电子商务有限公司遵循"互联网＋农业"的建设运营机制，落实"整体推进、统一运营，典型引路、辐射带动，共享资源、整合发展，建设并重、讲究实效"的要求，推进"一村一社、一社一员"全方面地给益农信息社"赋能"。具体体现在以下三个方面：

1. 整合农业部门资源，突出线上线下结合，加快提升公益咨询服务
积极整合市、县、乡各级农业公益性服务部门资源，坚持线上与线下相结合，将为农服务系统现有的村综合信息服务平台、"12316"三农热线、测土配方施肥系统、专家咨询、电商销售平台接入"益农信息社"，构建了"12316"电话、网站、App、微信"四位一体"的综合性服务平台，拓展了服务范围，放大了服务效能。

2. 整合信息社资源，突出新技术推广，扎实开展培训体验服务　为提升益农信息社农村电商网点的服务水平，在农业农村局的指导下，开展了抚州市9县2区运营中心的可视化对接、全市益农信息社站点部分视频可对话。

抚州市农产品电商运营中心进一步整合资源，充分发挥市级运营中心的服务功能，延伸益农信息社的服务触角，建立惠农服务档案，搜集需求信息，探索开展大户直供服务，并提供精准服务和定制服务。同时，强化益农信息社信息员的运营能力培训和管理考核，通过报刊、广播、墙报等形式加大益农信息社的宣传力度等。此外，还培训了400多名村级电商人才。

3. 归集优质农产品　自运营以来，先后整合了抚州市名特优农产品300多个，打造了农产品电子商务，实现了线上线下的多渠道销售。

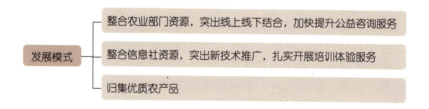

三、发展策略

江西亿企通电子商务有限公司以益农信息社建设为切入点，将农业信息资源服务延伸到乡村和农户，简言之就是"建规模、活下去、卖出去、沉下来"。一是益农信息社建设要形成规模，建成营销服务大网；二是千方百计导入资源，采取政府购买服务等多种方式促使益农信息社活下去；三是推动农产品上行，让千家万户的农产品能卖出去，打造农产品区域品牌；四是信息有效下达。益农信息社村级网点"三大"作用是日用品下乡、农产品进城、休闲农业"触网"。具体步骤如下：

1. 益农信息社村级网店建设要形成规模，建成营销服务大网 临川区农产品电商运营中心在农业农村局的精心指导下，在临川区建有村级益农信息社162家，覆盖全区行政村总数的38%以上。村级益农信息社站点作用包括：

买：通过各个电商平台帮农民代购所需要的东西，如农业生产和生活用品，吃的、喝的、用的，都可以。

卖：当地农民有很多手工艺品等，可以通过益农信息社把出售信息传播出去。

推：帮助农民解决种养技术问题；协助政府部门落实土地流转、技术推广、疫病防治等方面的政策。

缴：帮助农民在互联网上代缴水、电、气、电话和网络等费用。

代：代办农村日常生活所需的各种服务，如婚庆、租车、旅游、订票等。

取：偏远农村的快递很多送不到家，益农信息社就变成一个快递的接收中转点，村民可以直接去那里拿。

2. 推动农产品上行，让千家万户的农产品能卖出去，打造农产品区域品牌 临川区农产品电商运营中心与邮政公司合作，通过"亲情送"这项基础服务，搭建服务平台，完善服务体系。同时，依托村级益农信息社的电商网点，一村一部手机发布家乡信息，一村一个微信群交流互动，充分发挥在外乡贤宣传家乡、推广家乡、分享家乡特产的自豪感，把每一个在外乡贤都变成家乡产品的代言人和销售员。通过1+N的宣传、分享帮助家乡优质农特产品走出去，使电商扶贫和产业扶贫无缝对接，实现对贫困户"亲情代售"的新模式。帮助农村的留守老人把种在田间地头、养在房前屋后的富余农副产品寄送到在外的亲人手中，让在外的乡贤吃到"妈妈的味道""小时候的味道"，体验乡情。另外，发动每个人帮助本村销售一家产品、销售一村产品，对口帮扶贫困户销售产品。

3. 成立合作社，助力贫困户脱贫 2018年5月25日，抚州市临川区亿企通农业专业合作社成立，以服务益农信息社社员、发展种植产业、探索种养结合模式、谋求社员共同利益为宗旨，实行"民主管理、自主经营、自负盈亏、利益共享、风险共担、盈余返还"的原则。合作社盈余采取"按社员与合作社交易量（额）和入社出资多少"的方式进行分配。在临川区秋溪镇、孝桥镇、桐源乡等地，与村集体签订水稻种植土地流转协议2 600余亩，聘请当地村民负责水稻田间管理，有劳动能力的贫困户优先安排就业，按种植季别给付保底工资。夫妻两人管理300亩土地，每月可得6 000元工资，种植两季水稻可得10个月工资。此外，根据种植品种拟定保底亩产量，平均超出保底亩产量发50％提成，解决了当地有劳动能力的贫困户的就业和生活保障问题。

4. 村级站点多点合一　为让农民"进一家门、办百样事"，江西亿企通电子商务有限公司采取联合挂牌、标注LOGO、导入资源、购买服务等方式，力推益农信息社、电商服务中心、邮政、供销、银行、三大电信运营商及电商企业等网点，联手开展合作共建。

5. 融合发展，拓展服务领域　进一步深入开展"益农信息社技能培训"各项活动。组织所有益农信息社开展活动，并指导信息社利用农村传统赶集、庙会等时点和微信群、QQ群互动，开展推广引流活动。积极探索开展农资、日用品下乡和优质农产品进城的双向服务，推动线上线下融合发展，让农民方便、快捷地购买到货真价实的农资和日用品。同时，通过益农信息社线上展销当地名特优农产品，为农民拓宽销售渠道，增加农民收入。2019年，抚州市农产品电商运营中心与国家粮食储备库合作收粮，优先优价收购农民的粮食，保护了农民的种粮积极性。

6. 动态管理，强化业绩　重视过程管理，准确把握益农信息社的建设运营情况。每月督查走访村级益农信息社不少于60家，及时总结益农信息社好的经验和做法，解决存在的问题与不足。积极开展建设运营竞赛活动和益农信息社运营星级评定工作，鼓励争创示范社、争当优秀信息员，建成一批公益培训有成效、便民服务有影响、电商上行有品牌、信息人员有效益的示范社。同时，对部分不合格的益农信息社更换站点。

四、利益联合机制

1. 聘请当地村民负责水稻田间管理，有劳动能力的贫困户优先安排就业。按种植季别给付保底工资，夫妻两人管理300亩土地，每月可得6 000元工资，种植两季水稻可得10个月工资。根据种植品种拟定保底亩产量，平均超出保底亩产量的发50％提成，解决了当地有劳动能力贫困户的就业及生活保障问题。

2. 每个行政村级电商网点每个月寄送出包裹100单，平均折价100元/个，可实现初级农产品出村销售额1万元。

3. 聘请当地益农信息社社长在乡镇代销农药、化肥、种子，而且平均每月可额外获得2 000元补助，盘活了电商网点的活力。

4. 村民可以通过电商平台将村里的土特产销售到全国各地。

五、主要成效

1. 发动每个人帮助本村销售一家产品、销售一村产品，对口帮扶贫困户销售产品。

2. 通过村级益农信息社电商网点，村民可以将当地的农特产品上传到电商平台，面向全国的买家，让农产品有了好的销路，益农信息社成为农户的好帮手。通过益农信息社，土特产变成了"香饽饽"，农产品获得了大收益，农户们纷纷搭上了农村电商脱贫致富的快车。

3. 通过益农信息社的电商网点，农村的信息不再闭塞，农民从中收获了真真切切的实惠，全面打通了农业农村信息服务的"最后一公里"。用现代信息技术武装农民、建设农村、服务农业，大力提升了农民的信息获取能力、致富增收能力、社会参与能力和自我发展能力。

4. 益农信息社电商网点统筹城乡均衡发展、缩小数字鸿沟，将农业信息资源服务延伸到乡村和农户。通过开展农业公益服务、便民服务、电子商务服务、培训体验服务，提高了农民现代技术的应用水平，为农民解决了农业生产上的产前、产中、产后问题和日常生活等问题，实现了普通农户不出村、新型农业经营主体不出户，便可享受到便捷、经济、高效的生活信息服务。

六、启示

1. **明确并把握阶段性发展的重点**　任何事物的发展，都会经历初期的尝试、中期的大众效仿跟进和成熟期的调整转型。不同的发展阶段，有其阶段性的侧重点。对于还没有电商经营基础的农村来说，前期主要抓 3 件事：找方法、找人、找产品。找方法，即加强人员培训，迅速掌握电商技巧，打开销路；找人，即找到志同道合的创业者，自己成功了才会有效带动其他农户跟着干；找产品，即找到适合网上销售的当地特色产品。

2. **找准自己在农村电商生态中的位置**　如果能拿出像样的特色，即使在竞争日益加剧的情况下，被模仿的难度依然会很大。在今天电商发展进入服务时代的背景下，必须把重心放在电商生态的打造上，农户的电商创业才会更轻松、更容易、更便捷。在发展环境营造、人才及配套服务跟进等方面，必须用心琢磨电商经营主体的具体措施。

3. **发展的核心是人才问题，要用心培养**　电商发展起步要靠人才来率先示范，加速要靠大量人才参与，提升转型更要靠人才来引领。要多从返乡的务工青年、大学毕业生和大学生"村官"中找，他们思维相对活跃，也擅长运用互联网，具备从事农村电商的基础。在发展的过程中，人才外聘不一定是最好的办法，可以大力推广"父子兵、夫妻店、兄弟连"，先解决有人可用的问题，然后再培养领军人物。

4. 重点研究并实时改进适合农村电商销售的产品　网上销售产品的选择要支持就近原则，地方特产顺势转战线上即可。如果要无中生有地做出一个新电商产业则会十分困难，即使找到合适的产品，依然要对产品的包装设计进行改进，以更加适合网上的消费习惯。之所以要就近选择，是为了更好地解决保鲜、运费、标准等问题，毕竟能消费得起全程冷链产品的还是少数。

5. 强化对农产品网络营销的政策支持　村级电商网点作为农户"触网"的第一平台，是农产品网络营销的重要推手。目前，通过实体经营和电商平台销售农产品，特别是初级农产品，存在产品经营手续复杂、证件难办、物流困难等问题。政府部门应协调工商部门，强化对益农信息社这类特殊经营主体提供食品经营许可证、流通许可证、营业执照等证件办理的政策支持，为其提供便利。同时，协调物流部门也应增加农产品上行的"邮路"，为农产品上行，走出农村、走进城镇提供多种渠道。

6. 提高农村电商网点服务水平　对于不懂网上购物的农民，村级益农信息社可采取面对面解释、手把手教授、陪同选购、代为购买、货到付款的方式，充分激发农民的购买欲望，打消网络欺骗的疑惑。此外，农民也可以将自己的农产品放置在电商平台，实现网上销售，推动农村电子商务的可持续发展。

河南三门峡：陕州区农村电商

导语：近年来，河南省三门峡市陕州区坚持以乡村振兴战略为引领，以促进农民增收为核心，积极探索"互联网＋现代农业"新业态，将农业电子商务作为转型升级、促进农村快速发展的重要抓手，着力开展信息进村入户试点、阿里巴巴农村淘宝、京东电子商务进农村等工作，并结合农业特色产品及发展现状，积极引导农业企业"触网"发展。该区拥有三门峡四季丰果蔬有限公司、三门峡二仙坡绿色果业有限公司、三门峡拙雅生态农业有限公司、三门峡天瑞科技开发有限公司等著名电商企业，品牌带动明显；带动全区 259 个村级益农信息社、34 个农村淘宝村级服务站、42 家涉农电商蓬勃发展。销售产品主要以苹果、蔬菜、食用菌、核桃、小米、蜂蜜、花果醋等当地特色农产品为主。销售平台有淘宝、京东、天猫、1 号会员店、云书网、微商、一亩田等。2018 年电商销售额 3.2 亿元，2019 年销售额实现了翻一番。

一、主体简介

截至 2018 年底，陕州区市级以上龙头企业总数达到 20 家，其中国家级龙头企业实现了零的突破，三门峡二仙坡绿色果业有限公司成为三门峡市唯一一家国家级龙头企业；省级龙头企业 4 家，市级龙头企业 15 家。龙头企业的发展质量明显提升。2018 年，全区市级以上农业龙头企业完成销售收入 11.3 亿元，实现利润 1.01 亿元。省级以上农民专业合作社示范社 4 家，其中国家级 3 家、省级 1 家；省级家庭农场 1 家。

陕州区培育了二仙坡苹果、陕州红梨、陕州石榴等一批优质特色农产品品牌。"二仙坡"品牌荣获"中国驰名商标"。认证"三品一标"农产品 13 个，面积在 26 万亩以上。二仙坡苹果、陕州红梨、陕州石榴等先后获得国家地理标志农产品。

二、模式简介

陕州区目前有涉农电商 42 家，其中 8 家通过省级电子商务企业认证。销售产品主要以苹果、蔬菜、食用菌、核桃、小米、蜂蜜、花果醋等当地特色农产品为主。销售平台有淘宝、京东、天猫、1 号会员店、云书网、微商、一亩田等。2018年，全区网上农产品销售额达到3.2亿元。

1. 突出品牌效应，发挥龙头作用

（1）龙头带动作用明显。积极引导农业龙头企业"触网"发展，依托专业的运营团队，拓宽了企业的销售渠道，提升了企业知名度。

三门峡四季丰果蔬有限公司： 成立于2010年，现拥有10 000平方米冷库一座和相应的装卸设施，直接电商从业人员40余人，仓库包装发货人员100余人，是三门峡市农业产业化龙头企业和河南省电子商务示范企业、国家供销电子商务有限公司参股企业、菜鸟物流合作仓。在农产品品类方面，始终坚持立足三门峡、辐射中西部、开拓进口品的产品策略，在国内生鲜电商、水果出口市场中稳步增长，在电商供应链行业享有一定的声誉。2018年，水果电商销售额突破1亿元。具体做法如下：

一是做大产量、做强品牌、提高影响力。该公司进一步加强与天猫、京东、云集、贝店等大型电商平台合作，力争将"山果演义"和"太阳果"品牌打造成互联网生鲜供应链领先品牌，生鲜类目网络销售量稳步增加。逐步扩大自建的电商交易平台交易额，实现每天交易额30万元以上、年交易额突破亿元。提高自身在同行业的影响力。

二是利用政策、形成龙头、提高带动力。该公司积极响应国家"大众创业、万众创新"的号召，利用三门峡周边优质农产品资源和农产品流通良好的区位优势，为全国近万家农产品电商企业、相关小微电商、微商企业提供云仓储、加工、物流服务，吸引更多电商企业入驻园区，形成聚集效应和规模效应。而基于产地的电商企业，在物流、仓储方面普遍是短板，可以以此为契机联合快递、包装、培训等相关单位为电商企业提供"四免三补贴"的服务，即"免房租、免仓储、免冷藏、免市内交通费，补贴包装箱费、补贴快递费、补贴装箱工工资"等服务，可以快速吸引电商企业聚集，形成龙头优势。

三是夯实基础、加速汇聚、提高辐射力。该公司随着电子商务的发展，越来越多的消费者喜欢从产地直接购买新鲜的农产品。由于农副产品在种植端的非标准化，是目前产地的普遍实际，农户无法提供统一标准化的农产品，所以需要流通端的农产品集散中心，必须有标准化的执行能力和储藏、分拣、包装、流通的基础。以电商流通环节的标准化倒推农业种植的标准化。企业计划投资3 000万元，新建一座10 000平方米的多功能果蔬保鲜冷库、5 000平方米配备有现代化农产品分拣设备的分拣车间、3 000平方米的电商培训孵化中心，并配备10辆冷链运输车；此外，还将改善基础设施不完善的现状，建设辐射中西部可提供办公、交易、物流、包装等全方位服务的农产品电商物流园，填补中西部没有综合性农产品电商物流园的空白，预计 3 年内产值达 3 亿元。园区建成后，将会促进三门峡及周边地区经济更好更快地发展，企业自身也将发展成为全国产地农产品电商行业的标杆。

三门峡拙雅生态农业有限公司：成立于 2015 年，是由陕州区返乡大学生创办的以互联网思维为指导的"互联网＋"农副产品深加工企业，现有员工 136 人。2018 年销售额达 500 万元以上。具体做法如下：

一是利用本地优势打造电商品牌。该公司利用豫西丰富的农副产品资源，与传统酿造工艺相结合，开发生产了"老醋男"花果醋 32 种系列产品，通过河南省食品药品监督管理局 SC 认证，取得了专利 6 项、非物质文化遗产 2 项，创办了具有浓厚地方特色的农副产品品牌。

二是多渠道推广、扩大品牌影响力。在销售上，公司坚持品质和品牌相互推进，利用百度、淘宝、天猫、微博、微信等平台进行推广。产品得到了客户的极大认可，目前已经有 40 多万粉丝。在淘宝上有九拙堂直播间，最高可达 2 万粉丝同时在线观看。花果醋成为网上销售的领先品牌，网店被淘宝网授予连续 22 期金牌店铺称号。

三是合理规划增强企业竞争力。公司下一步将着力建立和扩大原料生产基地，加大产品研发力度和拓宽销售渠道。

四是多方式增加农民收入。公司始终坚持把带领群众共同致富作为企业发展的重要基础支撑。采用"公司＋农户"的模式，通过签约种植（有 1 600 亩小米种植基地）、农闲帮工、解决就业等方式，带动农户致富 1 500 户，其中贫困户 56 户。帮助农户加工销售高品质农产品，增加农民收入 230 余万元。

（2）**突出品牌效益。**三门峡二仙坡绿色果业有限公司是国家级农业产业化重点龙头企业，在持续做强做大绿色有机果品生产的同时，积极探索种养结合的生态循环经营模式，着力发展生态旅游观光，努力将二仙坡基地打造成具有全国影响力的大型现代绿色有机果品生产基地、无毒苗木组培繁育基地、现代农业技术培训基地、农业生态旅游观光景区，更好地辐射带动农业发展、农村增收和农民致富。2018 年销售额 1.8 亿元，电商销售额 3 700 余万元。

一是突出了"基地＋精品"优势。二仙坡果品基地位于豫西浅山丘陵区，规划总面积 22 平方千米。目前种植果品 11 800 余亩，其中苹果 9 000 余亩，桃、梨、核桃 2 000 余亩。另有生态林 12 000 亩，待开发面积 10 000 余亩，目前已建设成为国内面积大、生产设施先进、管理水平较高的现代化优质果品生产基地之一。建设有集学习、住宿、就餐于一体，总面积 5 000 余平方米的国家苹果产业体系三门峡培训中心。建设有豫西地区库容量最大、设施最先进的 2 万吨果品储藏保鲜库。先后被认定为"国家绿色果品生产基地""国家有机苹果标准化示范基地""全国水土保持科技示范园""国家标准果园""国际专家定点指导示范园"。"二仙坡"品牌荣获"中国驰名商标"。"二仙坡"牌优质苹果因果品质量高，先后获得了绿色食品证书和有机产品证书，通过了国内、国际双重 GAP 认证，并取得了出口欧美 61 个国家的资格；此外，还相继被评为"河南省标准化农产品""河南省名牌农产品""河南省优质产品"，并在国际农业博览会、农产品交易会上多次荣获"金奖"，被中国果品流通协会授予"中华名果"称号。公司积极探索果品网络销售新理念，采取走高端的路线模式，并取得了一定成功。2018 年电商销售额达 3 700 万元。

二是实现了农业标准化生产。在果品质量管理中，整合了国家标准、行业标准、地方标准和企业标准 82 项，建立了二仙坡果品质量管理体系；在生产管理中实行"五统一"，即统一技术规程、统一配方施肥、统一病虫害防治、统一整形修剪、统一品牌销售；严格落实"十项关键生产技术"：第一，施用生物肥料改善土壤理化性状和营养条件，提高果品产量、糖度和整齐度；第二，采用"松塔"树形修剪方法，树势壮、不旺长，易成花、产量稳，光效好、品质优，果树不分大小年，优质商品率达 90% 以上；第三，采用农业、物理、生物方法综合防治病虫害，降低有害化学物质残留；第四，田间种草覆草，调节园内小气候，增加土壤有机质，减少水分蒸发；第五，全园套双层纸袋，提高果实外观品质；第六，全园实施节水灌溉，满足果树水分需求；第七，采取壁蜂授粉技术，提高坐果率；第八，地面覆盖反光膜，增加果实着色；第九，营养保健食品培育，开发 SOD、富钙、富锌、富硒等功能果品；第十，实行无害化包装，确保食品安全。

三是着力打造智慧果园建设。公司累计投入 600 余万元建设二仙坡果品基地物联网，着力打造智慧果园，共建成田间小气候自动化监测系统、节水灌溉自动化控制系统、果品质量追溯二维码应用系统、产品销售信息发布系统"四大"板块，有效实现了气象监测有数据、农田灌溉有依据、进入市场知行情、自动控制省人力，大大提高了农业管理的科学化、现代化和信息化水平。

四是着力发展生态旅游观光。公司将进一步加大资金投入，在持续做强做大绿色有机果品生产的同时，积极探索种养结合的生态循环经营模式，着力发展生态旅游观光，努力将二仙坡基地打造成具有全国影响力的大型现代绿色有机果品生产基地、无毒苗木组培繁育基地、现代农业技术培训基地、农业生态旅游观光景区，更好地辐射带动农业发展、农村增收和农民致富。

近年来，陕州区加大督促指导有关乡镇做好新发展红梨、老果园更新改造等提质增效工作力度。2017年6月28日，三门峡市政府与阿里巴巴集团联合举办"互联网＋特色农业"创新发展论坛，农村淘宝三门峡市陕州区红啤梨标准化项目正式启动。小小红啤梨牵手阿里巴巴，搭乘互联网这趟高速列车，让更多人知道并喜爱红啤梨。2018年销售额超过120万元。

2. 鼓励小规模生产、就近消费及可卖向全国的农产品"触网"发展
依托信息进村入户工程，村级益农信息社充分发挥电子商务功能，加快农产品出村进城步伐。陕州区张湾乡新桥村益农信息社依托自建的蔬菜批发市场及连栋大棚优势，通过微商、一亩田等平台线上发布供求信息，每年帮助村民销售蔬菜3 000吨，创造经济效益300余万元。人马益农信息社已从网络平台为村委会订购了太阳能路灯、护栏等，年交易额可达50万元；西阳益农信息社承接飞鹰、顺丰等物流发送业务，现已成为周边村落的物流发送中心。

积极引导新型经营主体及农民利用淘宝、微商、拼多多等网络平台销售特色农产品。甘山红果蔬农民专业合作社通过网络线上线下销售苹果，年交易额可达160万元；店子乡白石崖村铭柏农民合作社，通过淘宝、微商等途径为贫困村农户销售小米、木耳等农特产品，年销售额可达24万元。

3. 因地制宜、突出特色，多渠道促进农村电子商务发展　截至目前，陕州区已建成1个区级益农信息社中心站、云书网线上"陕州特色馆"、5 000余平方米的电商产业园和500余平方米的线下特色产品体验馆。建立了政府、服务商、运营商"三位一体"的协调推进机制，与农信通、阿里巴巴、京东等6家知名电商平台开展合作。同时，加快建设农村物流网，围绕省道314线、318线进行重点布局，建设了覆盖全区13个乡镇的35个村级物流站点，打通了农村电商的"最后一公里"，推动了农村电商由"点"向"面"稳步拓展。

三、利益联结机制

陕州区按照"区有主导产业、乡有主导产品、村有专业合作社、户有致富项目"的工作目标，坚持"长抓林果药旅游，短抓菜牧菌光伏"的产业发展思路，重点做好"五区一带"[50万头（只）优质畜禽养殖示范区、30万亩优质果品种植示范区、20万亩木本油料种植示范区、15万亩中药材种植示范区、10万亩蔬菜种植（休闲农业）示范区、国道省道沿线密集型加工产业带〕规划的落实工作，认真指导各乡镇因地制宜发展特色优势产业，带动贫困户实现脱贫增收；鼓励、引导农业龙头企业、合作社等新型农业经营主体，采取"公司＋基地＋农户"的模式，带动贫困户发展。凡市级以上龙头企业、实施上级财政项目的新型经营主体都必须承担带贫责任。全区30家市级以上农业龙头企业、4家省级以上农民专业合作社，通过务工带贫、土地流转、农副产品购销、技术服务等形式带动贫困户2 600余户脱贫增收。

四、主要成效

农村电商是农产品销售的重要环节，具有投入少、见效快、效果好的特点。通过农村电商，可以打破地域限制，使农产品销售工作变得更广泛、更有效。近年来，陕州区农村电商稳步发展，效益突出，农村淘宝、京东等各大电商平台强势入驻。拥有三门峡四季丰果蔬有限公司、三门峡二仙坡绿色果业有限公司、三门峡拙雅生态农业有限公司、三门峡天瑞科技开发有限公司等著名电商企业，品牌带动明显；带动全区259个村级益农信息社、34个农村淘宝村级服务站、42家涉农电商蓬勃发展。销售产品主要以苹果、蔬菜、食用菌、核桃、小米、蜂蜜、花果醋等特色农产品为主。销售平台有淘宝、京东、天猫、1号会员店、云书网、微商、一亩田等。2018年电商销售额3.2亿元，2019年销售额实现了翻一番。通过网络销售充分带动了农民种植的积极性，扩大了特色农产品的影响力。

五、启示

1. 强化政策引导和资金支持 针对农村物流点少，农产品包装和运输成本高、损坏率高，农产品质量认证、农产品品牌创建等方面存在的困难，需加大资金扶持力度，改善农村物流、农产品质量认证等条件，引导物流企业开设农村物流点，支持创建、推广特色农产品品牌。

2. 引进农产品深加工企业 加快同国内各大电商平台对接，引进农产品深加工企业，把陕州区的特色农产品包装推介出去，形成农产品进城、生活消费品和农业生产资料下乡的双向互动交流。通过互惠互利，提高当地电商企业的知名度，解决农民买难卖难问题，增加农民收入。

3. 培养现代农业复合型人才 创新人才培训机制，加大人才培训力度。研究和制定有针对性的特殊优惠政策，吸引高校各类高端农业现代化建设人才向基层输送。

湖南双峰：中南神箭竹木有限公司

导语： 双峰县地处湘中腹地，人文荟萃，英才辈出。这里既是著名的女杰之乡、湖湘文化的主要发源地，又是中共早期领导人蔡和森、著名妇女领袖蔡畅的诞生地，还是清代中兴名臣曾国藩曾经生活过的地方。全县有林地面积 70 320 公顷，其中楠竹 23 万亩，立竹 4 000 万根。同时，双峰也是传统的产粮大县和生猪养殖大县。

中南神箭竹木有限公司，是该县的一家本土民营企业，主要从事竹木加工和贸易。公司通过运行"互联网＋制造业"的商业模式，不但使企业本身在较短的时间内实现了由作坊式工厂转变成为规模企业，由默默无闻的本土企业成长为行业内的知名企业，而且有力带动了当地农村电商产业的快速发展。公司获得全国首批"国家电子商务示范企业"称号，为本土企业走出去、工业品下乡、农产品进城搭建了一个发展和服务平台。

一、主体简介

中南神箭竹木有限公司始创于 2003 年，原名中南压板厂。为了适应公司的长远发展，2012 年注册了现在的公司，总部位于湖南省双峰县经济开发区，注册资本 1 080 万元，现有员工 328 人。主要从事竹胶板、木模板、木塑复合板等竹木产品和建筑建材产品的研发、生产与销售。旗下拥有 6 家子公司、1 家国际贸易公司、2 家国际贸易代理处、10 多个生产基地和销售网点。其品牌在市场和客户心目中拥有较高的声誉和影响力，产品畅销全国，是多家央企的首选供应商，远销韩国、南非、安哥拉、俄罗斯、泰国、越南、坦桑尼亚、埃塞俄比亚、加纳、斯里兰卡、澳大利亚等 61 个国家和地区。公司成为国内较大的建筑模板出口企业。

公司的高速成长既得益于国家改革开放的政策红利，又来自于自身的创新发展和电子商务技术的开发应用。在行业内较早尝试运用"互联网＋制造业"的经营模式，获得首批次"国家电子商务示范企业"称号。截至目前，公司已建立多个自主官方网站平台，形成了 PC 端、移动端、物联网、国内国际互联互通、融为一体的电商网络系统，拥有一支专业的电商团队，实现了数据分析和信息化融通的产业链全覆盖。

公司坚持创新发展，先后与中南林业科技大学、中国建筑材料科学研究总院开展战略合作，聘请中南林业科技大学著名教授、博士生导师韩健及中国建筑材料科学研究总院的教授级高工王武祥为公司首席专家，开发出一系列具有节能和环保性能的新产品、新工艺、新技术，申请专利 16项，其中授权 8项，成果转化率 100%。公司先后获得"国家电子商务示范企业""国家林业重点龙头企业""国家林业标准化示范企业""中国驰名商标""湖南省农业产业化龙头企业""湖南省电子商务示范企业""高新技术企业""湖南省新材料企业""湖南省林业产业化龙头企业""湖南省著名商标""湖南省林业创新型企业""湖南省质量信用 AA 级企业"等荣誉称号，通过了 ISO9001 国际质量体系认证。

公司积极参与产业帮扶活动，帮助贫困村创办年产值超 1 500 万元的竹木加工厂，就地转移安置劳动力 55 人，其中贫困人员 8 人。全村年增加收入 500 万元，户均增收 1.47 万元，人均增收 0.38 万元。

二、经营方式

采用"公司＋基地＋农户＋工厂＋互联网"的农业产业化发展模式。

1. 基地建设采用"公司＋基地＋农户"的经营模式　既解决了原材料供应问题，又为带动一产发展、促进农民增收、参与精准扶贫发挥了积极作用。

公司结合产业扶贫，选取楠竹资源比较丰富的村作为公司的原材料供应基地。通过土地流转、合作经营、签订定向收购合同和半成品加工合同等方式，在双峰县石牛乡、沙塘乡、梓门桥镇等地 10 多个楠竹资源相对丰富的村，建立了 5 万多亩原材料供应基地，其中有贫困村 5 个。

公司在竹农中选择具有一定规模和产业特色的专业户成立专业合作社，对基地加强林区防火隔离带和林区道路等基础建设，加强楠竹低改和竹林抚育以提高楠竹品质和产量，并通过林场承包、半成品收购、签订产销合同等方式，统一组织农户共同致富。

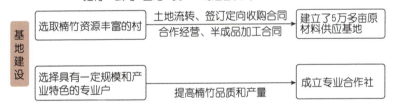

推行"公司+基地+农户"的经营模式

2. 生产加工以"公司＋生产基地＋订单定制＋营销包干"的轻资产运营模式 既解决了自身产能不足的问题，又整合了行业优质资源、促进共同发展。

公司每年竹胶板、木模板和防腐木方的销量达到 12 万立方米，消耗竹木资源 15 万吨以上，产值和销售额达 4 亿元左右，产品销售遍布全国，还打开了部分海外市场。集中在一个地方生产，资源消耗过大，产能跟不上，物流成本过高，货物配送周期也会延长。因此，公司与全国多个生产厂家开展战略合作。公司出资金、出技术、出人员，定产品、定标准、下订单，统一品牌、区域供货，实行联网监控，实现了不同品种的专业化生产、便捷式供货，从而满足了不同地区、不同用户的需求，优化了资源配置，最大限度地增加了行业的生产效益。目前，公司在全国拥有 8 个生产加工基地。

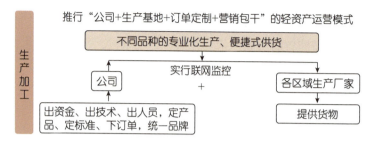

推行"公司+生产基地+订单定制+营销包干"的轻资产运营模式

3. 产品销售以"公司＋互联网＋制造业"的全网营销模式 既发挥了现代信息技术的优势，又带动了农村电商产业的快速发展，为"互联网＋"技术的应用树立了成功范例。

公司应用"互联网＋制造业"的商业模式涉入早、发展快、效果好。2005 年，在相关的 B2B 及 B2C 平台上注册了免费和付费会员，开始推广和宣传公司产品。公司在 2011—2017 年先后注册了 3 个官方平台和 5 个第三方合作平台，累计投入 2 200 万元，打造以"线上展示＋产品定制＋线下成交"的全网 O2O 营销体系，建立了一支专业电商团队。在完善现有电商平台的基础上，新注册的各类第三方平台和分站建设，发挥站群系统效益，建立了强大的链接资源库，进一步扩大了品牌影响力；优化原有手机网站、打造建筑模板微商城，加强与客户的互动，增加客户体验度，形成"粉丝经济"，增加用户对产品的重复购买率；通过策划和利用具有新闻价值、社会影响的人物或事件，吸引媒体、社会团体和客户的兴趣与关注，努力提高公司或产品的知名度、美誉度，树立"行业第一品牌"的形象。只要客户在网上搜索"竹胶板"等关键词，公司的信息就会第一时间出现在客户界面上，形成了线上与线下、PC 端与移动端、国内与跨境电商之间互联互通、全网覆盖的网络营销体系，进而做到了"一网打尽"。

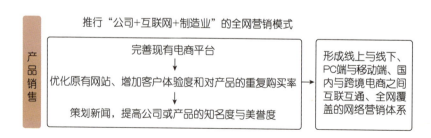

推行"公司+互联网+制造业"的全网营销模式

三、发展策略

实施品牌战略。公司制订了品牌战略发展规划，全面建立了质量管理体系、售后服务体系、诚信体系，追求卓越、坚持创新，逐渐形成了自己的品牌，在国内外的市场上形成了一定的影响力和竞争优势，赢得了国内外客户的信赖和尊重。其注册的商标"中南神箭"获得"中国驰名商标"。

坚持"互联网＋制造业"的发展模式。互联网技术发展至今已经非常普遍，优势已不明显。但公司依然坚持走电商发展之路，不断改革、不断创新，做到"人无我有、人有我优"。例如，应用大数据进行对比分析，及时掌握市场动态，分析自身与其他市场竞争对手的优劣，找准问题，精准施策；发展物联网，让客户足不出户就能享受实体店的体验和感觉，缩短时空距离；积极推进"两化融合"，用信息化管理手段提高生产效率和经营管理水平。

国家提出"一带一路"倡议，给企业带来了新的发展机遇。利用柬埔寨与我国长期保持友好关系的优势，公司在柬埔寨建立了海外仓，并注册了驻外公司。从 2018 年注册至今，驻外公司迅速发展壮大，驻外人员从十几个发展到现在的 30 多人，客户群也不断扩大，销售网点从金边延伸到西哈努克港。在马来西亚和韩国建立了代理处，在国内销售形势不太景气的情况下，国外业务直线上升，弥补了眼前的困境。

西哈努克港海外仓建设现场

现代产业中各个环节是一个不可分割的整体，是利益共同体。链条越长，联结越紧密，产业越稳固，各个环节的效益越好。因此，公司始终注重各环节的协同发展。基本原则是，扶持发展楠竹种植和原材料供应基地，充分调动农民的生产积极性，确保原材料供应充足、优质；充分保障客户利益。客户是公司生存发展的基础，除了坚持"产品就是人品，诚信就是生命"的经营理念之外，公司想客户之所想、急客户之所急，只要客户有需要，公司在产品之外免费提供多种附加服务产品。例如，可以为客户免费代理出口业务；为客户提供个性化服务；为客户解决施工过程中遇到的技术难题等。总之，公司的最终目标是为客户提供"一站式"服务。

四、主要做法

在电商快速发展、全面普及的今天，公司之所以能够勇立潮头，一直保持行业领先地位，不断创造销售奇迹，其核心要领在于坚持不断创新、全面创新。

1. 体制创新　主要体现在 3 个方面：一是观念创新。新的思想观念改变了传统的思维方式和经营模式，为园区发展找到了金钥匙。二是技术创新。科学技术的发明和创造是园区发展的核心价值，其直接结果是推动科学技术进步与应用创新的良性互动，提高园区发展水平，促进经济增长。三是管理创新。通过管理创新激发员工的创造性和积极性，促进园区资源的合理配置，不断提高生产和经营效益。

2. 手段创新　运用"互联网＋"、网络营销、线上展示、线下体验成交等现代营销方式，建立了"线上展示＋产品个性化定制＋线下成交"的"O2O"的全网营销模式；而 CRM 云系统、ERP－U8 信息化管理系统，将企业中的各种产销供资源和资金、人员通过系统形式集成起来，实现营销、采购、生产、财务管理的一体化，实现了信息的无缝对接。

手段创新	建立了"线上展示+产品个性化定制+线下成交"的"O2O"的全网营销模式
	＋
	CRM云系统、ERP－U8信息化管理系统，将资源和资金、人员通过系统形式集成起来

3. 技术创新　公司通过了湖南省科技型中小企业认定，并首批次荣获"上云"标杆企业称号，"两化融合"认证已通过专家评审。

（1）电子商务方面。与湖南天网企业管理咨询有限公司合作。该公司经营范围包括：企业管理咨询服务；品牌策划咨询服务；互联网信息技术咨询；企业管理战略策划；计算机网络平台的建设与开发；电子商务平台的开发建设；软件开发；软件技术转让；软件技术服务；信息技术咨询服务；商业活动策划；企业营销策划；教育咨询；移动互联网研发和维护等。现负责网络平台策划、设计和建设，负责网络运行和维护，负责品牌策划和推广，负责员工的教育培训。

（2）信息化管理方面。ERP－U8 财务管理系统：与娄底市天坤科技有限公司（娄底用友软件服务中心）合作。天坤科技拥有专业的咨询团队、实施团队和售后服务团队，分别在生产制造企业、商贸流通、国家机关、高新企业、酒店餐饮、建筑地产、农林养殖、非营利组织和社团、出版传媒、航空运输等行业和组织中拥有自己的成功案例。公司管理软件事业部：主要从事企事业单位财务软件、ERP 管理软件、客户关系管理及软件的销售及开发。主要经营财务软件等产品，公司秉承"诚信、专业"的经营理念，坚持用户至上、质量第一，经过不断的努力和超越，已经成为一家在 IT 行业初具规模和影响力的科技企业。现负责公司财务软件的开发、应用、运行、维护和培训。

（3）CRM 云系统管理。与宁波中晟信息科技有限公司合作。该公司是国内一家著名的销售管理软件的开发服务公司。提供外贸企业全流程信息化服务，即从客户邮件的基础管理到业务财务一体化，再到跨境电子商务平台运营等。对于不同类型阶段的客户应有不同的解决方案。公司致力于帮助中小企业实现信息化和平台化，管理更加合理、更加清楚、更加便捷。主要负责公司 ERP 管理系统的开发、运行、维护与培训。运用 CRM 云系统管理，不仅实现了一对一的管理，而且实现了全业务流程的规范管理，节约了审批流程的时间和人员。

（4）生产方面。与中南林业科技大学签订科研项目合作协议，并聘请国家二级教授、博士生导师、《竹胶板生产工艺》的作者韩健教授为首席技术专家。通过人才引进和加大投入等手段，新产品研发和技术创新取得了显著成效。截至目前，中南神箭已申请 16 项技术发明和创造专利，开发建筑模板新产品 3 个系列 8 个品种。

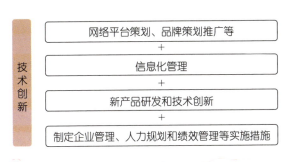

（5）管理方面。与美国国际人力资源研究院特聘讲师、中国十佳培训师、组织管理和人力资源专家付雅萍签订了长期顾问协议。该讲师服务上百家有名的企业，曾任职于企业 13 年，历经市场营销总监、人力资源总监和公司副总经理。在13年的职业经理人生涯之后，她投身于企业管理咨询行业。在9年的咨询及培训服务探索和研究中，她长期跟踪中小型民营企业的发展，并结合多年的实务经验，深度研究人力资源管理实践与企业经营的匹配度。现为公司企业管理、人力规划和绩效管理等方面作出了最佳的辅导。

4. 人才创新 公司建立了一整套人才引进和培养的工作机制，与多家国内知名人才培训机构和中国人民大学等高校建立了长期合作关系，被中国人民大学授予人才培训基地。在生产、经营、管理、电商等各个领域都建立了一支年轻化、知识化、专业化的高素质管理团队和专业团队。通过在58同城长期发布招聘广告广招天下英才，聚集技术型人才。公司现有员工298人，其中高级职称1人、中级职称2人，本科以上学历8人，大专以上36人，技工3人。通过公司平台培训锻炼，无论是业务技能还是专业水平都大有提升，不少人走上了中南神箭商学院讲堂，实现了专业复制、人才复制。

五、利益联结机制

1. 通过基地和产业联结，带动农民增收 企业通过"公司＋基地＋农户"的联结方式，将原材料生产基地、基地农民与公司效益紧密挂钩，主要采用土地流转、合作经营、签订原材料收购合同、半成品加工分包、劳务活动等形式，农民以收取土地转包租金、原材料出售、半成品加工报酬、劳务报酬等途径，增加收入。公司财务成本核算数据反映：每亿元销售收入，其中40％为原材料收入，25％为劳务收入。公司2018年的销售收入为3.2亿元，为农民增加原材料收入1.28亿元，增加劳务收入8000万元。

2. 通过带动农村电商产业发展，增加农产品销售收入 公司通过其自身影响力及成功经验，为双峰县成功争取"全国农村电子商务综合示范县""湖南省服务业示范集聚区（农村电子商务）"等项目发挥了十分重要的作用。目前，双峰电商产业园入园企业达到了50多家，获批省级电子商务示范企业2家，挖掘整理了永丰辣酱、青树淮山、锁石油菜、永丰香干、花门豆豉、红心脐橙、荷叶腊肉、红薯粉丝、印塘茶油、软籽石榴等20多个优势产品和知名品牌，并实现网上销售。20多个农产品通过中国绿色食品认证，注册10多个农产品商标。建成乡镇级电商服务站16个、村级电商服务站540个。

农村电商聚居区服务中心

公司还积极为各乡镇和集聚区企业开展微（电）商扶贫培训和团队建设提供技术支持，组织电商扶贫培训20多场次共2000多人，覆盖全县106个贫困村，共开设个人网店和微店1200多个，培育农特微商村级负责人500多人，"农产品进城"年销售额超过了1亿元，"工业品下乡"销售额达3亿元，帮助贫困村网销农产品654万元，帮助贫困户网销农产品531万元。

3. 提供跨境电商带动出口贸易　公司与娄底市商务粮食局、双峰县经济开发区共同建立了"双峰县园区外贸综合服务平台"，由公司为园区及周边企业免费提供外贸服务，向其他企业开发跨境电商平台。2018年，全县完成进出口贸易11 336万美元，同比增长86.5%；加工贸易总额为6 380万美元，增长39.6%，占全市加工贸易总额的80%。公司帮助10家企业成功实现外贸"破零"、4家企业实现进出口业绩倍增。

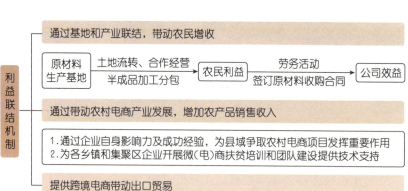

六、主要成效

1. 通过电商发展和互联网技术应用，促进企业快速发展　加速了企业品牌的培育和成长，给企业带来了良好的经济效益，提升了企业的市场竞争力，拓宽了国际市场，为企业争取了更大的发展空间。

2. **带动了地方农村电商产业的发展** 公司在电商行业取得了成功，为当地树立了一个标杆和榜样，发挥了良好的示范作用和带动作用；同时，促进了双峰县农村电子商务的快速发展，为农村淘宝和电商网络的普及、农产品网销、工业品下乡起到了巨大的推动作用。

3. **贯彻绿色环保理念，促进生态发展** 公司通过电商平台，与上下游产业业主进行技术交流和探讨，不断改进生产工艺和生产技术。在改进产品质量的同时，始终贯彻节约资源、减少能耗、保护环境的理念，为保护绿色家园作出了积极贡献。

七、启示

自 2015 年 7 月获批全国电子商务进农村综合示范县以来，坚持把发展农村电子商务作为促进农业转型升级、推动农村经济快速发展的一项重要举措来抓，不断加强电商基础设施建设、人才培训和农产品品牌创建力度，促进电商发展与精准脱贫政策深度融合，取得了显著成效。但仍存在诸多的困难和问题，主要表现在 4 个方面：一是基础设施建设薄弱。由于双峰县电子商务起步较晚，特别是贫困村的宽带网络、物流平台等相应基础设施建设相对较薄弱。二是电商专业人才缺乏。受区域性条件、思想观念等多方面因素影响，从事电子商务的专业人才缺乏，特别是从事电商平台技术应用、电商企业经营管理和电商市场营销策划等专业人才极为欠缺。三是品牌建设力度欠缺。在农产品品牌培育上力度欠缺，农产品开发和品牌宣传力度不够。目前，双峰县具有 QS 认证的农产品加工企业还不到 10 家，品牌影响力有限，农产品销售市场不大。四是政策性文件对电商资金仅明确了支持方向，没有出台具体实施细则，不便于操作。

重庆荣昌：在村头电子商务有限公司

> **导语：** "在村头"平台成立至今，在重庆市荣昌区委、区政府相关领导的关心和指导下，探索出了一条区域农业电商发展的可行模式，在带动农村青年创业就业、促进农民增收致富等方面取得了一定成绩，产生了一定的社会影响力。该平台为老百姓带来了实实在在的收益，已成为荣昌农业的品牌、荣昌大学生"村官"的品牌、荣昌电商的品牌，对荣昌区脱贫攻坚、乡村振兴具有重要意义。同时，平台也为下一步加快国有企业实体经济转型、国有企业改革发展提供了强有力的支撑，有助于推动荣昌旅游经济的高质量发展。

一、平台基本情况

"在村头"平台是为解决农产品上行和工业品下行"最后一公里"的问题，由荣昌区大学生"村官"于 2014 年 12 月建立的综合性电商平台。2015 年 12 月，与平台技术公司达成合作，共同成立了重庆市拓村电子商务有限公司，具体负责"在村头"平台（含 App、PC 端、微信公众号）的日常运营。为了更好地发展"在村头"平台，2016 年 12 月成立了在村头电子商务有限公司。

经过不断的努力，"在村头"电商平台共建设了 600 余个运营站点，先后被国家、省市级媒体宣传报道超过 500 次，并自行发布各类推文 1 000 余篇。2016 年，"在村头"平台成功入选全国"互联网＋现代农业"百佳案列暨新农民创业创新百佳案例。

为扶持本土品牌的健康持续发展，最大限度地整合资源运营，由国有资本介入运营，"在村头"平台继续对荣昌区农特产品加大推销力度，同时将三大"非遗"系列产品进行了上架销售，并提供米、面、油、调味品等生活必需品以及各类预包装食品、旅游产品等线上销售服务。

二、平台发展模式

1. 模式概括　"在村头"平台建立之初，主要依托大学生"村官"、返乡创业人士、本土人才队伍，利用"在村头"平台负责辖区内农产品收集、品控、工业品销售、村级物流配送、售后服务等工作，实现了"1＋N"模式（即 1 个平台、N 个站点）。并始终秉承"绿色、安全、健康"6

字原则，坚持"最后一公里"的服务理念，立足于提供更好、更优质、更健康、更放心的农产品，致力于帮助农民创收，推动荣昌区农村电商的发展，为返乡青年提供创业就业的机会，带动农业农村的健康发展。

国有资本介入运营后，逐步完善了"在村头"平台的发展模式，推出了"1＋N＋1"的模式（即1个平台、N个村、1个品牌）。把区内各类农特产品、集体经济产品、三大"非遗"产品、预包装食品、旅游产品等上架"在村头"线上、线下品牌店，严控质量，并将各类产品推送给各采购单位及机关食堂，带动平台销量；此外，还为各涉农企业的发展奠定基础，为推动各农业品牌的建设贡献力量。

| 1＋N | 利用平台负责辖区内农产品收集、品控、工业品销售、村级物流配送、售后服务等工作 | 国有资本介入运营后，逐步完善了"在村头"平台的发展模式 | 1＋N＋1 |

发展模式

2. 发展策略 根据平台的发展规划实施阶段性开发。

阶段一，根据荣昌区历史文化特色，结合"香海棠"品牌产品进行分类：一是"非遗"类，如夏布、安陶、折扇等系列产品；二是生活必需品类、日化类；三是预包装食品类，如吉吉荣昌烤乳猪、小罗卤鹅等；四是农用物资类；五是其他，如烟草、酒等。

阶段二，结合荣昌区现有特色产品，打造"一月一主题"系列特色产品活动，并结合主题活动每月开展"香海棠"狂欢购物日。开发区内旅游产品，完善其他季节性提供货源且较知名的特色产品、季节性蔬菜等产品的包装和推广，深入挖掘荣昌区各镇街的农家土特产品。

| 阶段一，根据荣昌区历史文化特色，结合"香海棠"品牌产品进行分类 | 阶段二，结合荣昌区现有特色产品，打造"一月一主题"系列特色产品活动 | 阶段三，整合"在村头"平台资源渠道，为发展"一村一品"集体经济产品提供平台支持 | 阶段四，努力疏通全市、甚至全国各地农特产业资源渠道，助力乡村产业振兴 |

发展策略

阶段三，整合"在村头"平台资源渠道，结合"香海棠"品牌建设，为各镇街、村社区发展"一村一品"集体经济产品提供平台支持。努力深挖通过政策培育或其他自主创业的新型产品（非食品类生活用品、手工艺品等），做好荣昌区内文旅产品的宣传工作。

阶段四，通过其他渠道挖掘各地区能稳定供货的知名产品，努力疏通全市、甚至全国各地农特产业资源渠道，助力乡村产业振兴。

3. 主要做法

（1）**奠定基础**。为提升农村各类创业人员的致富技能，开展了"在村头"讲堂60余场次，共培训5 000余人次，同时加强区内电商人才典型宣传。

"在村头"讲堂

（2）**联合参与**。平台的主要产品定位为"原生态的农产品"。采取溯源模式，让消费者了解各类农产品的产地背景、卖家真实故事，增加消费者的信任度，也促进农户自愿将农产品放在平台上销售。

（3）**共谋发展**。利用"在村头"平台"便民服务"板块，把村里人和村里事紧密联系起来，激发村民参与村级事务管理的热情，让村里的广大群众把平台的发展当成自己家的事情来做。

（4）**强化服务**。通过2018年电子商务扶贫扶持相关项目的支持，提高了对农产品质量和安全性的把控水平，增加了消费者对农产品的信任和认可，促进了区域内无公害农产品和绿色食品的发展，提高了人们的生活质量，建设了区级电商农产品质量检测站。

发放流动红旗

评选星级文明户

　　为促使平台发展的标准化和统一化，按照区级农产品集配中心建设标准改建仓储配送中心，并完善服务流程。开设了服务专线，优先针对区内各类农产品进行采购、检测、分拣、包装及配送。

　　（5）大力宣传。利用各类大小型农产品博览会、洽谈会等平台，推介"在村头"电商平台及农产品。结合荣昌区"香海棠"区域公用品牌建设，通过重庆北站北广场 LED 及灯箱广告、高速路 T 形牌等，增加区内农产品品牌的宣传力度，让市民对"在村头"农产品有一个直观认

识，促进产品销售。利用"在村头"微信公众平台，形成线上长期互动。

（6）**强化培育**。继续加强农村电商人才培育，引导并推动传统企业进入电子商务领域。坚持立足产业、政府引导、多方参与、注重实效的原则，坚持培训与实践相结合，为发展一批"有文化、懂技术、会经营、能创新"的新型电商人才队伍增添新鲜血液。

（7）**创出实效**。通过"在村头"电商平台线上线下的共同努力，2016年帮助贫困户销售农产品400余万元。截至2018年底，"在村头"平台线上线下累计销售额突破2 000万元。

三、利益联结机制

订单合作促进增收，从贫困村、后进村及集体经济发展成熟的村社区入手，"在村头"平台逐步与区内产业条件成熟的村社区合作，签订农产品合作战略协议。各村社按时、保质、保量地向"在村头"平台提供各类农产品，实现产品集中化、规模化供应，解决老百姓的农产品滞销问题，同时为村集体产业的发展提供有力支撑。

通过区里相关部门的支持，引导区内各机关、企事业单位、学校、医院等采购部门按照自身所需通过"在村头"平台采购区内农产品，同时在市委、区委机关食堂开设扶贫专柜，将区内贫困户的合格农产品上架销售，推动消费扶贫，共同助力区内产业扶贫及涉农产业的发展。

四、主要成效

结合"在村头"平台产品流通的需要搭建物流渠道，实现送货上门。将"在村头"电商平台版面进行改版升级，把产品进行重新分类，增设扶贫助农专区、田园综合旅游推荐等更加全面的服务板块，方便了消费者的使用习惯。

为方便群众直观地选择产品，在荣昌瑞尔酒店、上清寺两处荣昌上品店进行"在村头"品牌冠名，并建设了线下实体店，得到了消费者的广泛认可。

2019年7月，通过组织召开荣昌区电商扶贫助农工作推进会，"在村头"平台与区内12个市级脱贫村、后进村签订农产品订单合作协议。根据区内各类农产品产出情况，"在村头"平台每周主推各村社或集体经济代表的一款农产品，通过平台线上线下渠道同步发力，助推区内农产品销量和品牌建设。截至2019年8月初，"在村头"平台共有2 000余个注册商家，会员突破8万人。

五、启示

"在村头"电商平台的建立依托于互联网行业的高速发展与普及，依赖于农村网民数量的不断攀升，但网上消费意识依然缺乏，应尽快教会农村用户懂得网购、接受网购这种消费模式。

农村电商的发展离不开物流行业的支持，但农村特殊的地理环境影响较大，往往物流产生的费用大于产品本身的价值，间接地阻断了农村电商的快速发展。同时，农产品的品牌建设也是一个长期的过程。农产品拥有的原生态、绿色、有机等元素固然能吸引消费者的关注，但产品的真实性在一定程度上还需要进一步提高。

农村电子商务的健康快速发展，对于推动农业转型升级、农村健康发展、农民持续增收具有深远的意义。所以，农村电商的发展依然潜力巨大。

第二章 信息服务电商

北京海淀：农信互联科技集团有限公司

> **导语：**农信互联科技集团有限公司以"用互联网改变农业"为使命，通过将人工智能、移动互联网、物联网、云计算、大数据等现代信息技术手段与传统养猪业深度融合，创建了生猪产业链大数据智能服务平台——"猪联网"。依托网络开展猪服务、猪交易、猪金融三大核心业务，为生猪养殖户提供养殖、购销、融资等全方位全链条的平台服务，有力地推动了我国养猪业智慧化的转型升级。

一、主体简介

农信互联科技集团有限公司（以下简称"农信互联"）成立于2015年，是一家致力于用互联网改变农业的中国农业互联网＋金融平台生态圈企业。近年来，针对我国养猪业存在的问题和弊端，农信互联大力推动人工智能、移动互联网、物联网、云计算、大数据等现代信息技术手段与传统养猪业的深度融合，创建了生猪产业链大数据智能服务平台——"猪联网"。"猪联网"包括猪服务、猪交易和猪金融三大核心平台。其中，"猪服务"是智能养猪管理服务平台，"猪交易"是生产资料和活体生猪交易平台，"猪金融"是生猪养殖户融资平台。"猪联网"平台服务贯穿生猪产业链的各个环节，开创了"互联网＋"时代的智慧养猪模式。

二、模式简介

1. "猪服务"平台——以数据为王，打造生猪养殖全流程智能管理系统 "猪服务"平台是融合物联网、智能设备、大数据、人工智能等新技术新产品开发的猪场智能养殖管理平台，可为猪场提供生猪智能养殖管理、财务分析、生产管理、行情监测、猪病诊断、养猪知识学习等一系列服务，探索生猪养殖管理平台化、智能化、远程化、情景化、数据化、互动化探索。具体包括：利用物联网、云计算、大数据等技术实现猪场自动化设备与生猪生产环境互联互通的生猪智能管理系统；帮助企业优化工作流程、提升工作效率的猪场智能管理系统；面向全国的养殖户、经销商、兽医、技术员等提供猪病远程诊断服务的猪病通；为用户提供全国生猪价格、玉米和豆粕等大宗原料价格等信息的行情宝；为生猪养殖行业相关人群提供学习交流机会的养猪学堂。

（1）生猪智能管理系统大力推动生猪科学养殖。生猪智能管理系统通过物联网、云计算、大数据等技术，连接"猪联网"平台上规模化猪场的环境控制、饲喂等自动化设备，实现猪场自动化设备与生猪生产环境的互联互通，可以实时监控生产状况和设备的运行状态。根据智能逻辑设置和环境变化让设备自动智能运行，同时为每头猪建立档案，记录每头猪从出生或购买到售卖的整个过程，并构建生产预警模型对个体猪养殖关键节点进行提示，对异常状况进行及时报警。截至目前，平台累计服务的猪场超过 1.45 万个，为 262 万头母猪和 2 600 万头生猪提供 SaaS 化服务，大幅提升了猪场生产效率，PSY 值（每年每头母猪提供的断奶仔猪数）相比全国平均水平高出 3.98 头。

（2）猪场智能管理系统精准实现企业高效管理。猪场智能管理系统是为生猪养殖企业提供集 OA 办公管理系统、人力资源系统、财务管理系统、供应链管理系统于一体的大数据管理平台。生猪养殖企业可通过平台连接产业上下游，连接管理、交易、金融，连接设备和应用系统，在云平台上汇集个人、企业、行业数据，企业管理人员可实时查询销售、采购和库存数据，帮助企业及时做好对账工作、加快销售收款、延长采购付款时间、合理筹划、轻松理财等，有效提升了企业数据管理水平及生产效率，变外部产业链为内部生态链，促进企业生态圈的形成和完善。

（3）猪病通远程服务系统有效解决生猪养殖疫病。为减轻生猪养殖行业疫病的危害，提升从业者的养殖水平，农信互联研发了猪病通平台，面向全国养殖户、业务人员、经销商、兽医、技术员等行业人员提供猪病远程诊断服务及交流学习机会。目前，猪病通平台主要包括猪病远程自动诊断、兽医在线问答、猪病预警、智农通课堂及检测平台五大系统。

（4）行情宝猪价跟踪系统灵敏反映生猪市场行情。农信互联自主开发了互联网行情发布产品——行情宝，针对生猪价格的波动性、区域性和阶段性等特征，为养殖户及猪产业链相关主体提供生猪及大宗原材料价格跟踪和行情分析。目前，行情宝的价格数据主要来自"猪联网"猪场出栏价和生猪交易市场生猪成交价，生猪价格的真实性和准确性极高。用户可以随时随地了解全国各个地区生猪价格、猪粮比、大宗原材料价格、行情资讯、每日猪评等信息，合理安排采购、生产和销售计划，极大地减轻了生产与交易的盲目性。

在此基础上，2017年5月，农信互联与重庆农信生猪交易有限公司共同发布了覆盖范围更广、以生猪真实成交价格为基础的生猪市场（交易）价格指数。该指数以国家生猪市场真实交易数据为依托，以交易量和交易价格作为数据基础，样本选取范围覆盖20个省份，能够综合测度和全面反映我国生猪交易价格整体水平与变化，反映生猪供求关系，为生猪养殖企业、养殖户、猪肉屠宰加工及上下游产业和政府提供借鉴参考，对减轻"猪周期"危害、推动生猪期货上市也将起到积极作用。

（5）养猪课堂全面提供养殖技术及经营管理知识。通过期刊、文库、视频、音频等多种形式，提供猪场建设、繁殖管理、饲养管理、猪病防治等多方面的专业知识，为猪场经营者提供自我充电平台，帮助其提高经营管理和养殖技术水平。

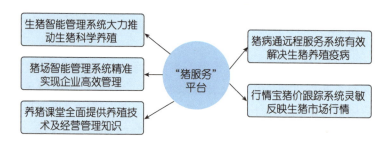

2. "猪交易"平台——以电商为本，搭建生产经营主体网络交易平台

"猪交易"平台是面向生猪产业链中生产资料生产企业、农资经销商、猪场、猪贸易商、屠宰场等各个生产经营主体提供交易的电商平台，包括农信商城和国家级生猪交易市场两部分。养殖户可从农信商城购买饲料、兽药、疫苗等投入品，国家级生猪交易市场可帮助用户进行生猪交易。

（1）农信商城为养殖户提供一站式采购服务。在农信商城畜牧市场里，饲料、原料、动保产品、养殖设备、种苗、农资、农产品等生产资料的知名生产商和经销商纷纷在平台开设店铺，上线千余种优质商品，为养殖户提供了一站式采购服务。用户线上下单、厂家线下配送，生产资料采购变得更为简单方便。为了保障交易的真实性和产品质量，畜牧市场采用保证金模式，有效地约束了卖家行为，保护了用户利益。

一是通过农信优选节约交易物流成本。农信优选是农信商城推出的优惠活动，用大数据帮助用户采购。利用农信云积累的大数据，选择或开发质优价廉的产品作为"优选商品"。根据用户采购记录和浏览记录进行推荐，并能够就近撮合，减少了中间环节和物流成本，切实保障用户买到优质优价的商品。

二是通过农信集采提供集中购销服务。农信集采是农信商城专门为规模化猪场、运营中心和核心企业三大客户群体打造的集中销售、集体采购平台。平台通过收取保证金措施，保障交易双方合法权益，保证商品质量，平摊物流费用，让小企业也能享受大企业的特权。

（2）国家级生猪交易市场（猪交所）实现了买全国、卖全国。国家级重庆（荣昌）生猪交易市场是农业农村部和重庆市政府按照国家"十二五"规划布局的全国唯一的国家级生猪交易大市场，旨在打造我国生猪产业"航空母舰"，破解"猪周期"，促进我国生猪产业健康稳定可持续发展。由代表市场承建地方政府（重庆市荣昌区政府）的国有企业——重庆科牧科技有限公司和北京农信互联科技有限公司共同出资组建的重庆农信生猪交易有限公司负责建设和市场运营。

市场结合传统生猪流通行业的特点，借助移动互联网及电子商务的先进技术，在成功解决线上交易标准、疫病防控及实物交割三大难题的基础上，以猪交所为线上平台，以生猪调出大县为线下平台，实现生猪活体"线上＋线下"交易，有效解决了猪交易过程中公平缺失、链条过长、品质难保、质量难溯、成本难降、交易体验差等问题，成功地建立了中国生猪网络市场。生猪交易市场按照市场经济规律，采用自由、公平、方便、快捷的生猪定价交易模式，同时探索竞价交易等多种模式满足多元化的市场需求。截至目前，平台累计交易高达 5 000 万头，实现的累计交易额超过 724 亿元。

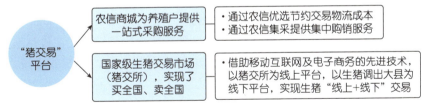

3. "猪金融"平台——以金融为基，建立行业可持续的农村普惠金融服务体系　"猪金融"平台业务发展战略目标是基于农信云平台，为管理和交易中的生产资料生产企业、养殖户、经销商、贸易商、屠宰场提供既不同于商业银行也不同于传统资本市场的第三种农村金融服务，建立行业内可持续的农村普惠金融服务体系。"农信金融"通过 SaaS 软件获取的生产经营数据和农信商城获取的交易数据，以及公司近 2 万名业务人员对种

养户深度服务获取的基础信息，利用大数据技术建立农信资信模型，形成较强的信贷风险控制力，联合银行、保险、基金、担保公司、第三方支付机构等众多金融机构，为农业客户提供综合金融解决方案。公司金融服务体系涵盖了征信、支付、理财、借贷、保险、融资、租赁、保理等产品。截至目前，农富宝累计理财金额超过 506 亿元，帮助用户实现的理财收益高达 1 亿元；农付通各支付类型累计支付总额已超过 1 730 亿元；农信险发放的贷款额累计超过 125 亿元；农信保实现的累计保理金额超过 8 694 万元；农信租借款金额已超过 1 亿元。

"猪金融"平台 → 基于农信云平台，为管理和交易中的生产资料生产企业、养殖户、经销商、贸易商、屠宰场，提供既不同于商业银行也不同于传统资本市场的第三种农村金融服务，建立可持续的农村普惠金融服务体系

"猪金融"平台 → "农信金融"通过SaaS软件获取的生产经营数据和农信商城获取的交易数据，利用大数据技术建立农信资信模型，形成较强的信贷风险控制力，为农业客户提供综合金融解决方案

三、利益联结机制

1. 赋能养殖户，提升专业水平 猪联网是集管理、服务、财务、资讯、教育、电子商务、金融等于一体的养猪综合服务平台，功能强大。为了全面提高养殖户的系统应用能力，一方面，农信互联在线上对用户进行培训和答疑；另一方面，在线下由服务人员对用户进行手把手的指导，成为养殖户的贴心参谋，帮助养殖户高效地解决养殖过程中面临的各方面问题，实现"智慧养猪"，帮助数十万养殖户大幅提升专业化水平和互联网应用能力，并影响到更多的农村群体加快走进互联网时代。

2. 共享信息源，促进规模养殖 不论是传统企业还是新兴企业，效率永远是最重要的。对于生猪养殖业来说就是让母猪多生小猪，同时提高小猪存活率。猪联网基于"互联网＋猪"的智慧养猪管理模式，将与养猪相关的资源统筹起来与天下养猪人共享，打破单打独斗的传统养猪模式，变万家猪场为一家猪场，促进规模化养殖，大幅度提高了中小规模养猪场的市场议价能力。

3. 形成生态圈，降低交易成本 猪联网核心功能是连接，将与养猪业相关的所有环节中的企业和从业者聚拢起来，形成一个闭合的生态圈。在这里可以找到猪场，包括生猪资源和养猪数据；饲料、动保、设备厂商；仓储、配送、服务中间商；屠宰场，包括收猪、屠宰和市场等资源；贷款、结算、理财等金融机构。让天下养猪人齐聚猪联网，变外部产业链为内部生态链，从而大幅降低交易成本，让诚信成为架通产业链上企业与

企业之间的桥梁。

4. 依托云平台，保障食品安全　人人都在谈论食品安全，其中可追溯是对食品安全的一个重要要求，但要真正做到从田间到餐桌可追溯是很难的。有了猪联网之后，依托云平台的信息存储，只要全程坚持使用，无论是饲料生产还是饲料销售、大宗原材料采购还是疫苗使用、饲料喂养还是生猪售卖，都可以实现全程信息可追溯，保障了生猪安全。用户还可以进行相关的评价，强化社会监督。

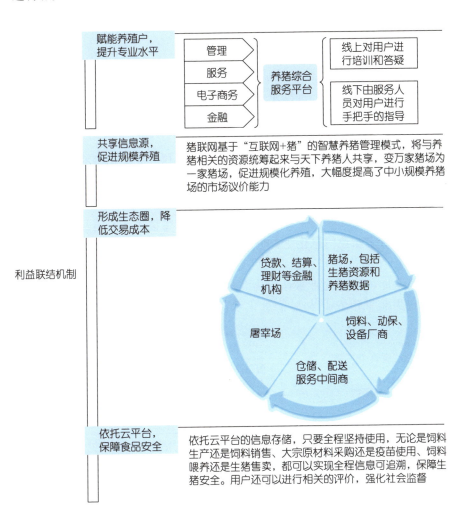

四、主要成效

几年来，"猪联网"立足北京，服务全国。目前，平台已聚集了超过

1.5 万个中等规模以上的专业化养猪场、150 万专业养猪人，覆盖生猪超过 5 000 万头，占全国生猪存栏量的 7%，是国内服务养猪户最多、覆盖猪头数规模最大的"互联网＋"养猪服务平台。自 2016 年初上线以来，"猪交易"平台共计完成网上交易猪数量超过 5 100 万头，市场覆盖全国 28 个省份，交易金额超过 728 亿元，是目前国内最大的活体生猪交易平台。"猪金融"为生猪产业链上下游用户累计发放无抵押无担保贷款超 127 亿元，帮助农户管理闲置资金 507 亿元，累计为产业用户实现理财收益超 1.04 亿元。

五、启示

1. 要创新行业平台 鼓励农业产业化龙头企业依托行业平台，发挥创新示范作用，打造一批以龙头企业为引领的"猪联网""鸡联网""田联网"等；鼓励推广数字农业试点，实现精准环境控制和物流配送集成，打造农业大数据共享平台。

2. 要凝聚社会资源 2017 年 10 月，由农信互联公司等 6 家单位发起成立的北京农业互联网协会，建立了区域性农业互联网沟通、交流和示范平台，制定了《北京市农业信息化龙头企业认定和动态监测管理办法》。在凝聚全市农业互联网企业发展资源的同时，也促进了农信互联公司的发展。通过认定农业信息化龙头企业和农业农村信息化示范基地，培育本市"互联网＋农业"中坚力量，先后有 14 家单位被认定为全国农业农村信息化示范基地、66 家企业被认定为北京市农业信息化龙头企业、59 家单位被认定为北京市农业农村信息化示范基地，促进了全市农业信息化的发展。

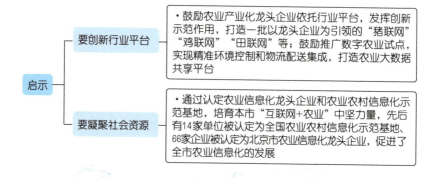

辽宁阜新："好吃生活"电商平台

导语："好吃生活"是一款 B2C 农产品电商平台，包括 WEB 端和 App 端。多元化的各类农产品、简约化的平台操作适合各行业的美食爱好者。现代人追求的是健康养生，"好吃生活"平台深谙消费者的产品需求。平台入驻的农产品质量均严格把关，减少中间商环节，真正实现了从"田头"到餐桌的完整销售链条。"好吃生活"电商平台从推广到销售创意，都是将美食和生活完美结合在一起，做到"美食不求人，享美食享生活"的真切体验，以辽宁省消费者的诉求为核心，辐射全国销售，汇集高品质的农产品，力争打造成辽宁省乃至全国的农产品电商超市。

"好吃生活"是最值得信赖的餐桌管家，是雕琢健康与幸福的品质生活平台。平台一切农产品符合自然农法的有机蔬菜、天然生长的优质畜禽，坚守业内最严格的质量标准，为城市消费者提供了"安全、美味、健康、便捷"的个性化餐桌解决方案。

一、主体简介

北京首页科技有限公司（以下简称"首页科技"）是一家专注生态农业科技领域的公司，实实在在地筛选高品质生态农产品，让消费者吃得健康、吃得放心。旗下"好吃生活"农产品电商平台自上线以来就受到众多消费者及农户的认可，不仅让消费者吃上了性价比超高的绿色农产品，而且取得了农户们的信任。"好吃生活"农产品电商平台以阜新市为中心，覆盖了城镇周边地区，带动了各县乡村的经济发展。

首页科技致力于推动有机农业发展，提倡自然健康的品质生活，关注环境保护和可持续发展。成立至今，首页科技涵盖了农业科技研究与技术推广、优质农产品的生产与加工、全程冷链配送、农业市场营销与品牌塑造等业务领域，成长为全产业链型的农业电子商务平台领先企业。

"好吃生活"以会员制订单农业为核心，采用 B2C 电商模式运营，可以通过 WEB 版和 App 版联系客服，给予最贴心的售后服务，未来将筹备遍布全国的"好吃生活馆"，以阜新为起点成功实现商业模式的自我复制，树立辽宁省"互联网＋农业"行业的标杆典范。

二、模式简介

1. 模式概括 "好吃生活"电商平台依托农业 B2C 运营模式，选取线上、线下两个渠道进行全方位、立体营销。目前，优质农产品的需求非常旺盛。但是，由于用户的总体信任度较低，作为企业，既要在官方网站上做广告又要在微博上做宣传，既在微信公众号上推活动又要在商城中做展示，并且利用其他的主流媒体、主流平台来做整合营销。

2. 发展策略 "好吃生活"电商平台始终遵循以"良心耕作、道德经营、精良品质、取道自然"为核心经营理念，让农户赚得舒心，让消费者吃着放心。农产品不同于一般商品，一般而言，顾客需要亲眼看到、亲手摸到、现场挑选才能作出购买决策。作为企业，需要发展农产品一条龙服务，增加采摘、休闲等服务，相应增加一些额外收入，同时可大幅度提高用户的体验度。

3. 主要做法

（1）电商平台。"好吃生活"电商平台运营平台端主要有平台自营、卖家管理、商品管理、模板管理、统计管理、权限管理等几大功能。而网站后台有 17 个大功能和 85 个子功能。卖家端功能包括交易管理、商品管理、统计计算、客服管理。电商平台功能在功能和服务上仍然不断在完善，除了零售以外，集单团购也是未来销售渠道的发展方向。

（2）微信公众号。"好吃生活"电商平台除了依靠网站及 App 自然流量和基本的推广营销手段外，微信公众号作为电商平台最大的引流渠道，可以推送有特色的内容及配合电商平台运营管理，将消费者直接引流转化。

"好吃生活"微信公众号为订阅号，主要功能是借助微信公众号平台直接引流到电商平台。内容围绕品牌故事、健康养生、时令生鲜、好吃食谱，语言轻松幽默，适当使用网络用语或流行语。微信公众号运营更趋年轻化，年龄层次定位于 25～50 岁，无论是内容还是公众号导航都设计新颖。微信公众号内容发布时间设在下午 6 点，理由是上班族在这个时候基本会在家或在车上，闲暇之余查看公众号，如果对内容感兴趣回到家中就可以尝试实践。

微信公众号内容定位以农业及美食为主，追本溯源从田间地头出发，让消费者买着放心、吃着开心，从"好吃生活"购买到健康绿色的生鲜。内容多以图片或动态图为主，视频和音频辅助，所以中后期需要大量的人力和物力。

目前，大部分消费者为了方便均购买外卖。虽说外卖方便但频频爆料不卫生等问题。所以，微信公众号需要引导鼓励消费者 DIY 自己的美食。商城中产品可以是新鲜食材，可以是速冻食品，也可以是加工食品，但所有食品都要传递给消费者一个信息就是健康绿色食品。所以，要通过内容给消费者一个引导。

（3）经验分享。无论是音频还是视频，均用纯正的东北话录制，因其分布广、传播快、感染性强，莫名地会有一种幽默感；文章首页图及配图都需要处理成套图系列或模板，内容所有的配图都需要固定形式的模板；根据卡通人物人像设计制作表情包，表情包要结合好吃的特色设计，将表情包放在公众号中提供下载；文章内容中相关电商平台产品应标明价格或者直接增加超链接，跳转到购买页面；建立社群，将公众号粉丝集中起来，粉丝可以用食材 DIY 美食，可以拍成视频，可以写成文字，然后再发表在公众号上。这样不仅是对产品最好的宣传，而且是搜集素材的一个渠道。社群是微信公众号的社群，也是活动策划的社群，一群两用或一群多用，形成了庞大的粉丝社群团。

4. 市场痛点

（1）过长的流通环节导致的成本痛点。农产品交易的痛点很明显，就是农民种出的农产品卖不了高价，但到了消费者手里的时候又不可能便宜。这就是目前农产品行业的最大痛点。

这些差价主要产生于各个环节的加价。对于农产品来说，中间环节实在是太多了，也太长了。以传统销售模式为例，先是从菜农手里卖给走村串户的小贩子，然后小贩子卖给上一级的大贩子，大贩子把农产品拉去批发市场，再卖给零售商，最后才从零售商卖到消费者手里。

这么多的环节，每个环节的从业者都是要赚钱的啊！层层加价下来，豆腐卖出了猪肉价。而且，流通环节中还会发生各种正常成本，如水分蒸发带来减重、搬运时产生损耗以及变质等。这些因素综合到一起，农产品怎么可能不贵？

解决方法："好吃生活"减少了中间商环节，让商户直接入驻平台。这样农户可以卖到更高的价格，平台从中也可以获得一定的利润，从而形成"田间-平台-餐桌"的销售链条。消费者可以用更实惠的价格，买到比较优质的农产品。

（2）"卖相"追求进一步增加成本。长期以来，农产品流通商们为了提高自己产品的竞争力，往往会对菜农的农产品提出种种标准。这些标准中有些既不科学也不合理，其中最具代表性的就是所谓"卖相"。

以叶菜为例，收购商要求菜农把菜必须码得整整齐齐、长短均匀。这些要求与蔬菜本身品质没有任何关系，仅仅为了堆在市场上卖的时候比较好看，更能刺激消费者的购买欲望而已，此即所谓"卖相"。但就是这么一点"卖相"，所增加的成本可不是一点半点。因为要求堆放整齐，所以只能人工采收。原本可以机械操作的事，一下变成了精细活儿。叶菜本身自重又不大，一个工一天也就收个百十来斤。按当前的人工来算，每斤至少要摊上1元钱的采收成本。实际上，叶菜类的农产品售价中，很大一部分来自采收成本。如果能去掉这个成本，很多品种的蔬菜售价要跌一半以上。

不光叶菜如此，其他农产品都存在这种现象，而且还会带来食品安全等价格以外的成本。比如苹果，收购商不会要有虫咬痕迹的果子，果农就必须经常喷施农药除虫；又比如黄瓜，收购商们青睐顶花带刺、修长挺直的果型，菜农就多喷激素促其长直。

解决方法："好吃生活"电商平台更加注重农产品的品质，所入驻的产品会有专人进行筛选，严格审核相关的手续，把控农产品质量。例如，农户是否严格遵循农产品安全质量生产标准进行种植或养殖、农药残留是否超标等。"好吃生活"电商平台作为农产品安全检验第一关，也是最后一关，必将严格把控农产品安全质量，让消费者吃到最放心的食品。电商平台也为部分客户装修店铺、渠道推广、品牌策划等，注重品质，更要注重"面子"。

三、利益联结机制

案例1：2018年5月19日，农户李永杰通过"好吃生活"电商平台分销莲花白。在一周里，他成功地分销了莲花白5吨。当天，李永杰还受到了媒体的现场采访报道。"好吃生活"帮助农产品上行，真正为农民解决了农产品卖难问题。

案例2：2018年9月23日，"好吃生活"电商平台帮村民卖了红薯13吨、土豆9吨。"好吃生活"兴农助农，让农民更快速地卖出自己的产品。

截至目前，"好吃生活"电商平台共入驻全国散户及合作社350家，成立以来累计实现线上交易额1 600余万元。通过合理的管理运营，入驻商家不断增多，电商平台产品不断增加，更能帮助农户们打开销售渠道，实实在在地帮助农民解决卖难问题。

四、主要成效

1. **电商平台交易额持续增长**　"好吃生活"电商平台从消费者及农户利益出发，成为阜新地区农产品的线上集散地。平台交易额逐月增加，在同等电商平台运营及建设中，"好吃生活"电商平台已经使大部分消费者形成了良好的消费习惯。

2. 电商人才培养力度持续加大 除了内部员工需要专业的培训以外，公司为电商平台入驻用户及普通农户举办不同层次、不同级别的电商培训，让他们了解平台、使用平台，扩大电商平台的影响力，营造了浓厚的发展氛围。

3. 借助电商平台开启"智慧乡村"新时代 在"好吃生活"电商平台的带动下，阜新周边部分乡村开起了"村有好货"模块，将当地农产品销售形成规模化管理销往全国。他们集中团购乡村特色农产品并分销各地，由一村带动多村，构建了一个庞大的销售网络，将农产品销售出村、走向全国。

五、启示

为了推动农村经济的发展，解决农产品销售不畅问题，在国家政策的鼓励和支持下，这几年农村电商平台推广很快。不少地方政府都把建立农村电商平台作为政府的重点工作进行落实。可以说，电商平台在农村的落地还是相当快的。那么，农村电商平台经营者的经济效益如何？

对于这个问题，首先还得从地区差异来说。从全国大范围来说，农村电商南方比北方发展得好，东部比西部发展得好。而从一个地区来说，距离城市比较近的农村比远离城市的农村发展得好，因为城市是一个地区信息和交通物流的枢纽。例如，郊区农村的农产品可以很方便地通过城市物流发往全国各地；而远离城市的农村，由于受交通条件等诸多因素影响，农村电商发展比较缓慢、效益低下，甚至暂时还没有经济效益。对于那些与城市或县城距离近、衔接到位的农村电商而言，不少已经取得了明显的经济效益，前景还是相当不错的。

在加入农村电商的大潮中，如何推动电商产业基础发展，如何打开新的模式，需要深入思考以下 4 点：

1. 明确并把握阶段性发展的重点 任何事物的发展，都会经历初期的尝试、中期的效仿跟进和成熟期的调整转型。不同的发展阶段，都有其阶段性的侧重点。对于还没有电商经营基础的农村来说，前期主要抓 3 件事：找方法、找人、找产品。找方法，即加强人员培训，迅速掌握电商技巧，打开销路；找人，即找到志同道合的创业者，自己成功了才会有效带动其他农户跟着干；找产品，即找到适合网上销售的当地特色产品。

2. 找准自己在农村电商生态中的位置 如果能拿出像样的特色，即使在竞争日益加剧的情况下，被模仿的难度依然会很大。在今天电商发展进入服务时代的背景下，必须把重心放在电商生态的打造上，农户的电商创业才会更轻松、更容易、更便捷。在发展环境营造、人才及配套服务跟进等方面，必须用心琢磨电商经营主体的具体措施。

3. **发展的核心是人才问题，要用心培养**　电商发展起步要靠人才来率先示范，加速要靠大量人才参与，提升转型更要靠人才来引领。要多从返乡的务工青年、大学毕业生和大学生"村官"中找，他们思维相对活跃，也擅长运用互联网，具备从事农村电商的天然基础。在发展的过程中，人才外聘不是好的办法，可以大力推广"父子兵、夫妻店、兄弟连"，先解决有人可用的问题，然后再培养出领军人物。

4. **重点研究并实时改进适合农村电商销售的产品**　网上销售产品的选择要支持就近原则，地区特产顺势转战线上即可。如果要无中生有地做出一个新电商产业则会十分困难。即使找到合适的产品，依然要对产品的包装设计进行改进，以更加适合网上消费的习惯。之所以要就近选择，是为了更好地解决保鲜、运费、标准等问题，毕竟能用得起全程冷链的产品还是很少的。

启示

- 明确并把握阶段性发展的重点
- 找准自己在农村电商生态中的位置
- 发展的核心是人才问题，要用心培养
- 重点研究并实时改进适合农村电商销售的产品

吉林榆树：坤泰电商产业园

导语：改革开放以来，我国的农业发展特别迅速。尤其是近几年，我国已经成为世界最大的农业国之一。随着现代互联网技术的发展，农业与电子商务相结合已经具备了初步的萌芽。以"互联网＋"为代表的现代农业，成为当今农业发展的新方向。因此，在以农业为主的吉林省榆树市开展"互联网＋"研究更具有现实意义。

时代需求催生出适应农村互联网发展的新思路。农村电子商务是利用互联网、计算机、多媒体等现代信息手段，为从事涉农领域的生产经营主体提供网上交易和电子支付等业务活动的过程。这种电子模式推动了农业生产的发展，提高了农产品的知名度和竞争力，是助力乡村振兴的催化剂。

互联网电商是以互联网为基础开展的一种新兴商务活动。在互联网快速发展的时代背景下，农业推广工作不断地释放出积极信号，通过互相影响和互相重叠，结合互联网本身和农业推广的发展，促使综合效益大幅提高。农村电商被业内视为电商的最后一片蓝海，地域性农村电商因为地域的差异，农村电商模式各有不同。对于榆树市的农民来说，解决或拓展农产品销路问题，无疑是过去几年乃至未来较长一段时间内的大事。随着互联网与农业"联姻"趋势的加速，农业获得了更多的发展动力。而在内需市场的选择上，农村无疑是最具吸引力的地方。因此，在农村开展电子商务是非常有意义的。

一、主体简介

榆树市坤泰农产品有限公司成立于 2014 年 3 月，注册资金 1 000 万元，是一家集农产品生产（种植）、加工、销售和电子商务运营于一体的农业产业化综合型企业。公司主要经营乾蕴牌榆树大米、原生态榆树杂粮、榆树特色的干鲜蔬菜制品等。侧重以延伸产业链条为核心，发展以水稻为主、杂粮和蔬菜为辅的有机绿色农产品种植及精深加工业，并融入"互联网＋"，形成一二三产业融合发展的新格局。2016 年公司通过 ISO9001 质量体系认证、ISO22000 食品安全管理体系认证、有机认证；

2017年被长春市政府评为农业产业化市级重点龙头企业、长春市绿色有机示范园区；2018年被吉林省政府评为农业产业化省级重点龙头企业。在黑龙江省哈尔滨市首届中国国际大米节上，坤泰公司出品的"乾蕴牌榆树大米"被评为"2018中国十大好吃米饭"，成为"2018中国大米十大区域公用品牌"。2019年被长春市政府评为长春市名牌农产品。

2016年，经榆树市发展和改革委员会（榆发改审字〔2016〕107号）文件核准，榆树市坤泰农产品有限公司在榆树市环城工业集中区投资1.2亿元建设了坤泰电商产业园。

二、模式介绍

1. 发展绿色有机农业，打造榆树特色品牌　榆树市坤泰农产品有限公司以高科技生物技术为手段，与种植农户紧密合作，采用"公司＋农户"、土地流转、公司直接租赁等模式，目的就是通过种植高标准、高效益的经济作物，达到高产出。同时，整合全市资源，打造榆树大米、豆制品、杂粮、蔬菜等有机绿色农产品品牌，努力提高榆树农产品的品牌优势和边际效益。

榆树市农产品品牌的打造最终是要由企业完成的。坤泰公司把打造"榆树农产品"的宣传、推介上升到榆树农业和农村经济发展的战略高度来把控。2018年，公司相继在厦门、长春等地设立榆树农产品直营店；同时，利用坤泰电商产业园平台，全力做好农产品上行，达到全网覆盖宣传的目的。让绿色、有机、安全、健康的"榆树农产品"行销全国各地。

2. 通过"互联网＋"实现一二三产业融合发展，积极打造坤泰电商产业园　2016年上半年，坤泰公司在榆树市环城工业集中区征地35 000平方米，建设坤泰电商产业园。截至目前，坤泰农产品加工车间3 200平方米、物流储存库12 000平方米、电子商务运营中心办公楼5 200平方米、场地硬化和绿化等其他公共设施 13 000 平方米已经完成，并已投入使用。榆树市坤泰农产品有限公司有种植基地 15 000 亩、米业加工生产线 1 条，年生产能力 5 万吨；电商办公场所配套 200 兆电信光纤入户；拥有专业的培训队伍和一流的办公场所，为榆树市一二三产业融合发展提供了便利条件。此外，公司还拥有一套领导机构；两个协会统筹协调；把握运营中心、物流体系、扶持机制三个关键；搭建了电商孵化中心、产品检测中心、数据保障中心、农产品健康指导实验室四大平台；免费提供注册、免费提供办公场所、免费提供货源信息及个体网店免费上传产品、免费培训人员、在产业园免费提供 Wi-Fi 的六免服务。

三、发展的三大根本

1. **以农业为基**　大力发展培育优质农产品，从根本上树立农业口碑；建立健全农产品深加工配套体系，开发生产系列农产品。围绕榆树市本地特色产品和种植基地的建设，开发了大米、杂粮、果蔬等特色农产品，所有农产品按线上线下融合的方式进行销售与体验，使农村产品上行渠道更趋于多元化。

2. **以电商为魂**　搭建完备的电商销售平台，通过互联网效应，做大做强自身农产品，以电子商务发展为驱动，搞好高效产品开发、包装设计、品牌营销，实现电子商务平台线上销售和所有经营点线下体验销售的融合，扩大区域影响力，逐步带动人气，推进旅游产业的发展。电商平台带来的互联网效应将加大农产品需求，使得种植业和农产品深加工需求同步增长，引导更加优质、更具特色、更多层面的种植业方向。

3. **以旅游为辅**　通过多层次、新特色的农业产业，让农产品的体验、销售和旅游融为一体，拓展霸家湖生态游、雪景观光游、坤泰采摘体验游，催化农旅、体验旅游的升华。以旅游业的游客增量丰富电商产品内涵，提升"天下第一粮仓"的农产品品牌知名度。

三大根本	**以农业为基**	·大力发展培育优质农产品，从根本上树立农业口碑 ·建立健全农产品深加工配套体系，开发生产系列农产品
	以电商为魂	·搭建完备的电商销售平台，做大做强自身农产品，以电子商务发展为驱动，实现电子商务平台线上销售和所有经营点线下体验销售的融合
	以旅游为辅	·通过多层次、新特色的农业产业，让农产品的体验、销售和旅游融为一体，提升"天下第一粮仓"的农产品品牌知名度

四、十个问题

1. 要有回家创业的勇气和信心。

2. 了解并熟悉将要生产销售的榆树当地农产品，了解其是不是初级产品，是否能跨省销售，是否属于"三无"产品。

3. 熟悉各大电子商务平台，如淘宝、京东、苏宁等。其他一些小的生鲜、特产类销售平台也要熟悉。并注册账户，上架产品。有客服，并时刻关注后台订单信息。

4. 懂微信营销，就是所谓的微商。微信朋友圈销售也是不错的农产品销售方法之一。回头客很多，特别方便管理客户。

5. 会软文撰写，懂一些宣传自己产品的方法和渠道。例如，在用户量很大的今日头条等自媒体平台发文章，积累用户；会用微信公众号维护和管理自己的客户。

6. 找当地政府相关部门咨询，寻求帮助，或者通过合作社的形式去创业。

7. 一定要有销售资质，最好注册一个有农产品销售权限的公司，最低也得是个体工商户。因为在销售平台注册账户的时候会需要一些资质。

8. 如果是搞农场类大型的生产基地，可以找当地媒体帮忙宣传，并能提供电商运营人员。

9. 条件允许的话，最好自建一个官方网站，对于宣传自己的品牌和产品很重要。

10. 一个人创业很难，最好有自己的团队。

五、面临挑战

1. 农村互联网普及率低，信息化基础设施有待加强。
2. 农村对电子商务的认识有待提高。
3. 农产品电子商务配套环境有待提升。
4. 电子商务网站专业水平低。
5. 农产品电子商务人才供应不足。

如果上述问题得不到很好的解决，也不是问题。坤泰电商产业园准备了专业的运营团队和创业孵化基地，来到坤泰电商产业园全部问题都可解决。

六、发展实际

目前，坤泰公司有专业的培训队伍，有 4 个垂直电子商务社交、移动电子商务的新一代电子商务平台。通过天猫、厦门清货群、浙江慕尚和菜菜网等平台，全力推广榆树市农产品上行。坤泰电子商务服务中心具备四大功能：企业、个人培训；孵化支撑；平台建设；营销推广。此外，公司还承担了"政府、网商、供应商、平台"等参与各方的资源及需求转化，促进区域电商生态健康发展。

1. 注重培训孵化　坤泰电商产业园为大众创业提供免除租金、免费装修、免费培训、免费入驻电商平台及优先享受各项政策的"四免一优"服务。园区具有完善的供水、供电、供热、供暖、通信、仓储、运输等基础配套设施，为大众创业者提供政策咨询、项目指导、风险评估、创业培训及跟踪服务等全方位服务。截至目前，园区开办了电商培训班 18 期，培训电商个体 2 662 人次。周边城市的高素质农民培训、学习、参观日平均人数在 140 人以上。

2. 特色农产品宣传展示效果良好　榆树市面积 4 712 平方千米，2018 年作为全国绿色有机示范城市，国家级绿色有机原料种植面积 37.1 万亩。因当地农产品生长期长、日照时间充足、降水丰沛、黑土地营养成分高，所以产出的农产品质量特别优秀。产品可追溯系统的全面推广，为全国人民提供了更多有保障的安全食品。

坤泰电商产业园的一楼大厅建设了榆树市农特产品展示馆，分成线上展示区和线下展示区，集中了全市的白酒、大米、杂粮、干菜、草编、豆制品等 7 个品类 127 个品种的特色农产品。所展农产品全部是"三品一标"的认证企业出品，保证了产品品质，为榆树市农产品的推介作出努力，满足了前来洽谈业务的客商及参观者的一站式体验。

3. **强化聚集发展功能**　坤泰电商产业园在榆树市电商工作小组的领导下，积极拓展对外招商，走出去、引进来。目前，浙江安厨、浙江慕尚等国内知名电商企业已经入驻园区。坤泰电商产业园内已入驻企业 16 家，完成创业个人培训 311 人。为推广宣传榆树市的农产品上行，所有企业集聚发展、抱团出击、协同作战。借助政府打造地域品牌的影响力，各个企业确定自己的产品品牌，培育良好信誉，分别主攻不同层次的市场。通过政府的推介背书和企业的主动营销，建立起 3 个销售网络：企业自建销售（合作）网络、借用坤泰电商产业园平台销售网络、企业与当地经销商间的合作销售网络，巩固和提高了榆树农产品的市场占有率和竞争力。

4. **合力推广品牌、推广产品**　坤泰电商产业园采取政府主导、企业跟进模式，充分发挥政府资源打造好"榆树农产品"这张名片。公司抓住几大主销区重点推介，着力介绍榆树大米的安全健康、地域特点、文化内涵和品种优势，建立起与当地销售企业的联系，帮助企业寻找经销商，及时组织企业与企业对接，在"货真价实"上做足文章、做大文章，做到推介宣传一处、落地一批企业和产品。另外，通过坤泰电商产业园的五大平台全面营销榆树市的优质农产品，加上其他 B2B、B2C 等企业、商家、个人之间的信息技术服务，预计未来 5 年，通过电商产业园项目达成的线上商品交易额在 3 亿元以上。

坤泰公司以天猫、清货群、浙江慕尚和菜菜网等平台为架构，以榆树市丰富的农产品资源为基础，以四大商城的资源需求为目标，通过信息技术转让、信息技术服务、产品销售等形式，实现资源共享、信息有偿，在保证质量的前提下取得更大的效益。

七、启示

1. 传统外贸的及时转型。
2. 发挥人才的关键作用。
3. 产业园与线上结合。
4. 政府及时引导与提升。

八、发展战略

电商产业园通过整合当地农产品资源，系统地委托给具有实力的大企业进行包装、营销和线上运营，地方政府、农户、电商企业、消费者及平台共同创造并分享价值，既满足了各方的价值需求，也拉动了当地旅游、文化传媒、地产、物流、餐饮等产业的发展，并以可复制的模式实现全市乡村振兴。

坤泰电子商务产业园的建设，严格说都是在为打造坤泰田园综合体项目奠定基础，一二三产业融合发展的终极目标是打造坤泰田园综合体。坤泰田园综合体项目的建设是以榆树市政府为主导，以坤泰种植专业合作社为主要载体，带动周边农户充分参与，最终实现以坤泰现代农业产业园为

核心，覆盖周边 15 平方千米区域，形成具有"天下第一粮仓"特色的田园综合体。榆树市坤泰田园综合体计划经过 3～5 年的努力，全部建成并投入运营后，预计可形成 8 亿～10 亿元的销售收入、1.8 亿元利税，将提供 1 200 个就业岗位，带动 7 000 多户农民增收（区域范围内人均增收 1.8 万元以上），并能有效地推动全市农业和农村经济发展，为实现乡村振兴作出可示范的模板。

吉林梅河口：电子商务产业园

导语： 梅河口市位于吉林省东南部，素有"长白山门户"之称，是吉林省东南部的物资集散地、全省一级物流节点城市。全市面积2 174平方千米，辖1个省级经济开发区、19个乡镇、5个街道，总人口70万，城区常住人口40万。2013年9月，被省委、省政府确定为扩权强县改革试点，是国家级卫生城和全国文明城市、"首批国家全域旅游示范区"创建单位。2018年获评"全国综合实力百强""全国投资潜力百强""全国新型城镇化质量百强""全国县域营商环境百强"荣誉称号。2019年4月，梅河口市获评"全国电子商务进农村综合示范县"。

随着"互联网＋"时代的到来，农村地区需要注重对互联网应用和规模优势的充分发挥，促进农产品生产、销售逐渐向智能化、网络化方向发展，进一步深化互联网技术和农产品销售之间的有效结合，并逐渐促进其管理服务模式的多样化发展。2018年，梅河口市围绕"培育壮大优势企业、发展企业集群、鼓励创新创业、形成区域竞争优势"发展战略，积极响应"大众创业、万众创新"号召，以"互联网＋产业＋平台"孵化模式为核心，建设梅河口电商产业园。随着园区基础设施和政策服务的不断完善，吸引了一批电商企业和创业团队入驻，带动了当地传统产业结构调整和产品升级，推动了企业创新创业发展。

一、主体简介

1. 运营机构介绍 梅河口电子商务产业园位于梅河口市工业新城，是由梅河口市电子商务公共服务中心管理运营的创业孵化园区。梅河口市电子商务公共服务中心成立于2018年，专注于从事电子商务园区运营管理、"互联网＋"企业培育孵化、电商企业政策咨询服务、品牌VI设计、电商培训、展览展会服务等。梅河口市九届人大四次会议将"推进电子商务产业建设"写进政府工作报告，将电商产业园项目作为梅河口市的重点扶持项目。

2. 园区情况介绍　梅河口是吉林省中部和东部核心区的节点城市、东南部区域中心城市，地理位置优越，具有"亚洲最大的松子加工集散地"、享誉海内外的"梅河大米"的产业优势，将产业品牌化和产品高端化作为"互联网＋产业"孵化的核心，着力打造"互联网＋果仁产业""互联网＋大米产业"创业创新基地。依托梅河口果仁、梅河大米、木耳三大优势农产品基础，利用电商大厦、双创大厦平台，园区按照"聚产业、搭平台、树品牌、提效益"的孵化方针，将基地打造为市级示范创业孵化园、大学生创业孵化基地、青年创业之家，成为梅河口电商行业创新创业重要的孵化载体。电商产业园区为入驻企业、创业团队提供孵化服务面积 10 756 平方米，正在规划建设 7 000 平方米仓储设施，公共服务配套面积 1 893 平方米。园区水电暖、消防配套健全，光纤宽带与通信网络入户，并提供快速维修服务；设有物流车辆专属通道；物业公司提供 24 小时专业保洁、安保服务。围绕电商企业孵化服务需求，园区建设了综合服务、运营专门人才培训、路演会议、摄影设计、仓储物流、梅河口特色产品 O2O 体验中心、电商沙龙活动及法律和知识产权服务等八大配套服务中心。同时，提供了公共会议室、创客咖啡、创客书吧、休闲娱乐区、创客空间、一站式综合服务大厅、多功能路演大厅、实操培训室、直播间、餐厅等，为入驻企业提供了便利的办公、生活环境。目前，基地可容纳创业实体数量 76 个，创客卡位 100 个，基地内拥有创业实体 34 家；在园孵化企业吸纳就业 204 人，带动就业人数 1 000 余人。2019 年以来，园区企业销售额达到 8 000 万元。

二、模式简介

1. 发展模式　以"互联网＋产业＋平台"孵化模式为核心，围绕"互联网＋农特产品""互联网＋食品产业"的品牌化建设、产品品质升级，搭建孵化平台，推动县域电商经济提层次、见效益。

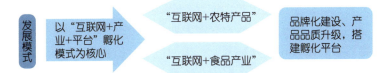

2. 发展策略　以"互联网＋产业＋平台"孵化模式为核心，按照"聚产业、搭平台、树品牌、提效益"的孵化方针，开展园区建设运营。采用初创孵化区、加速孵化区、公共服务区、配套服务区、仓储物流区"五位一体"的功能布局，合理科学规划园区布局，组建了电子商务公共服务中心、特色农产品大数据中心、O2O展销体验中心、大学生电商创业孵化中心"四大公共服务中心"，打造了"一站式互联网＋电商孵化"产业平台。

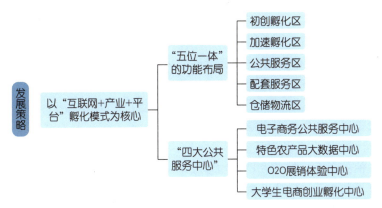

3. 主要做法

（1）园区孵化服务聚焦优势产业。梅河口市作为亚洲最大的松子加工集散地，有果仁加工类企业 600 多家。同时，梅河口还是全国知名的大米产区，有国家地理标志产品，有"九星米业""长兴谷业""富霞米业""康美米业"等 300 多家大米生产企业，还有"福海合作社""江连海合作社"等 100 余家大米合作社。园区的产业孵化方向定位为"互联网＋产业"，迎合了梅河口对于产业发展的需求。传统产业的集聚优势也是培育电商企业的必要条件，为企业提供优质的上游产业链、充沛的产品供应链和可靠的产品溯源链。因此，基地积极发挥园区运营方的资源整合优势，将区域内优势产业进行梳理，建立了果仁产业和大米产业企业信息库、产品资源库，为入驻企业提供稳定的货源和有市场竞争力的货品采购价格。

（2）园区规范运营带动区域产业转型升级。2018年，梅河口电子商务产业园建成之前，市区内缺少"互联网＋产业"培育孵化基地。区域龙头产业重点的宣传和销售渠道以传统分销模式为主，销售模式单一。因为中间环节冗长，缺少价格优势，产品销售很难找到新渠道。园区建成后，通过政府的引导，吸引了包括长兴源农业科技发展有限公司、吉林紫鑫参工堂生物科技有限公司、九星米业、梅河口市金松食品有限公司等多家行业龙头企业，并组建了电商运营中心。通过引进电商运营专门人才，与电商运营服务机构合作，为入驻企业提供了运营帮扶，提升了企业"互联网＋产业提升"的自我结构调整能力，拓展了企业线上销售运营管理的水平。通过园区与在孵企业合作，利用不同电商平台，推进全网营销力度，减少企业互联网渠道拓展的时间成本。

（3）园区扶持引导带动优势产业发展壮大。一是产业分析定位，提升梅河大米的品牌知名度。2017年的统计数据显示，梅河口市年生产大米3亿千克、产值12亿元、利税1.9亿元，年带动种植农户6万户。从产业规模、产业带动上占据梅河口特色产业的重要地位。但是，梅河口大米产业经过10年的发展，经过了创业期、发展期、辉煌期和迷茫期，产品始终在中低端领域徘徊不前。大米产品深度研发缺乏、产品单一、品牌知名度低已经制约了梅河大米产业做大做强，优势地位被取代。园区针对制约传统产业发展的问题，通过创造性地举办梅河大米全国展销会，在浙江、重庆、上海等地开展梅河大米展销会、推介会广泛宣传梅河大米，建立全国销售渠道，拓展大米高端市场。截至2018年，梅河大米销售收入达到18亿元，市场已经做到了上海、杭州、重庆等全国重点城市，实现了产品附加值的提升，带动农户人均增收1000元左右，整体增收2亿元。二是围绕果仁产业，搭建龙头企业电商中心。梅河口是亚洲最大的松子加工集散地享誉内外，梅河口市金松食品有限公司、梅河口市圣薪食品有限公司、吉林省唐豆豆食品有限公司等龙头企业支撑了梅河口果仁产业的国内领先地位。园区通过引入金松食品落户，改变了企业的传统经销模式，拓宽了销售半径，通过1688、慧聪网、阿里巴巴国际站等电商平台开拓了国内国际市场。三是孵化新兴产业，衍生出一批微生态链企业。冷面、米线作为梅河口近年来的新兴产业，发展势头迅猛，代表企业如健瑞电子商务有限公司、盛鑫电子商务有限公司等发展势头迅猛，在淘宝、拼多多、天猫、京东等平台电商销售火爆。

（4）开展"保姆式"园区服务，助力企业发展。通过园区对接引领，搭建产品宣传销售平台。一是开展产品推介活动。梅河口电子商务产业园的建设和发展始终备受各级各部门政府领导的支持与关注，在梅河口成为家喻户晓的创业家园。梅河口市与浙江省丽水市合作共建园区，依托浙江的模式、经验、渠道和宣传等资源，将梅河大米等产品纳入"丽水山耕"品牌直营店，与浙江杭州、丽水当地销售商达成合作，仅 2018 年销往浙江丽水 5 000 余吨，销售额达到 3 500 余万元，极大地带动了梅河大米及其他农产品在浙江区域的销售。二是搭建行业交流平台。组织在孵企业开展行业交流活动。2018 年 7 月，围绕提升梅河大米品牌知名度、增加产品附加值，园区联合大米协会对接浙江丽水举办了梅河大米行业座谈会，由市政府领导、行业主管部门和企业代表共同参加，讨论并借鉴了"丽水山耕"的成功经验，总结了梅河大米以及特色农产品行业发展中遇到的瓶颈问题，探讨了解决办法，助推园区入驻企业及梅河口相关行业企业发展。三是打造线上线下宣传窗口。园区在线上打造了梅河口电子商务产业园线上宣传服务平台，通过园区网站、园区微信公众号、抖音、QQ 互动群，编织互联互动体系，为企业提供自媒体线上宣传窗口。线下建设了梅河口特色产品 O2O 展销体验中心，展厅分为创新创业展示区和梅河口区域特色产品展示区，将入驻园区创业企业成果和梅河口特色产品通过一个平台对外展示。展示厅年接待各级各部门领导、外来人员参观考察 110 余次，成为园区对外宣传的重要平台。在为梅河口市做好重点产业推广宣传的同时，也为园区企业提供了一个无成本的推介平台。

梅河口特色产品 O2O 展销体验中心

针对在孵企业短板提供系统解决方案。一是产品附加值低，市场竞争力不强。在县域经济发展中，产品单一、附加值低、品质较差，往往成为制约产品走出去的瓶颈。尤其是产品差异性较小的大米行业，虽然产品的市场不存在滞销问题，但是整个行业仍然存在企业数量多、规模小、实力弱、产品研发弱及附加值低等问题，且企业标准意识薄弱，质量意识淡薄，品牌意识较差，"单打独斗"、无序竞争等现象普遍存在，为整个产业的健康有序发展带来了隐患，成为严重制约梅河口大米产业集群发展的屏障。在政府的推动下，着力建立"政府＋行业协会＋企业"的联盟标准模式，制定了《梅河口大米企业联盟标准》，园区组织3家入驻大米企业共同参与了标准的起草和制定，提出了企业作为行业参与者的意见和建议。二是缺乏品牌保护意识，市场影响力不足。引入产品设计企业、视觉设计和营销企业，不断提升在孵企业形象和产品价值。以果仁生产销售企业为例，以往大部分企业以贴牌生产为主，盲目跟随，没有设计研发，不注重产品品牌和品质，造成单品价格低、销量低。通过园区组织带领在孵企业到浙江丽水考察学习，触动了在孵企业的创新设计意识，同时也开始注重产品品牌和设计版权保护。为此，园区及时引入了吉林省企盈企业管理服务有限公司、浙江花生米视觉，构建了视觉设计和知识产权保护公共服务平台，为入驻企业提供商标注册和知识产权代理服务，助推园区企业逐渐向品牌化、规范化发展，产品市场竞争力不断提高。同时，园区建立的知识产权服务平台，最大限度上解决了电商企业产品防伪、线上维权难的问题。

搭建专业技术服务平台，营造优质的电商创业环境。

一是摄影设计服务。基地建立了公共技术服务平台，免费提供摄影棚，购入了先进的摄影、摄像设备，并配备了专业技术人员，面向基地内企业提供产品摄影、摄像、图片美工、后期剪辑等服务，帮助创业者解决最基础的发展需求。与专业第三方服务机构合作，提供产品拍摄、视频剪辑、直播间互动、主页和详情页制作等技术指导服务。给予初创企业费用全部免费的技术支持服务，其他企业参照市场价的70%超低价收取服务费。2019年共为入驻企业提供摄影服务50次，拍摄、精修照片1 230余张，减免拍摄、图片精修等费用3.5万元；参娃雪等大米产品在淘宝、天猫平台销售火爆。

二是仓储物流服务。园区为入驻企业免费提供了600平方米的仓储空间，每年为企业减免仓库租金11万元。园区从企业的实际需求出发，将仓储设计为"前店后仓"的形式，极大地为企业提供了便利。园区设立梅河口电商物流区域总部基地，包括申通、中通、汇通、顺丰、邮政等；为了满足有跨境电商业务的企业需求，基地还与EMS、DHL、UPS达成合作，纷纷入驻园区为企业提供跨境物流服务。

三是创业导师培训。园区建成以来，始终坚持以服务入驻企业需求为第一要务，围绕企业需求搭建服务体系。坚持以提供专业化服务为指导，已经形成了"企业问诊-创业培训-导师辅导-服务回访"的全程跟踪式导师帮扶流程。通过导师的帮扶，涌现了一批优秀的电商企业。健瑞电商创始人马宗明，是一位天津返乡创业者。他联合当地朋友创业，经营拼多多、淘宝、天猫店铺。目前日发货量达到 2 000 余单，月销售额达到 100 多万元。

引入多家知名电商物流企业入驻

电商培训

　　四是电商互动沙龙。电子商务行业的飞速发展，要求从业者要有敏锐的观察力和快速调整的决断力，电商交流平台是一个有益的互助交流平台。园区为了更好地创建电商交流平台和创业创新氛围，在园区内搭建了电商咖啡沙龙，为入驻企业提供免费活动区域。组建电商俱乐部，以聚会、讲座、沙龙的形式，先后组织了多场次活动，为电子商务从业者搭建了交流共享的平台。

电商交流

　　五是人才招聘服务。园区通过与梅河口人力资源和社会保障局合作，通过线上招募加线下招募的方式，每月定期在公众号、梅河口信息网发布招募信息，定期举办大学生与企业双选会，为入驻企业提供人才招聘服务，帮助企业提供招录服务。同时，借助园区在当地的影响力，吸引更多有志于电商的人员走进园区、了解园区，激发创业就业的热情。

　　目前，园区已入驻创业实体34家，主要是网上销售大米、冷面、生鲜等本地农产品，在孵企业吸纳就业204人，带动就业1 000余人。2019年，园区企业销售额达到8 000万元。园区搭建企业与农民的合作平台，鼓励园区企业通过私人定制、农田自采方式销售本地农产品，通过私人定制模式签订合同200多亩，带动50户农户增收近60万元。园区企业"木木三电子商务有限公司"与中和镇关家沟村二组建档立卡户于学忠，2019年签订了助农订单种植糯玉米。

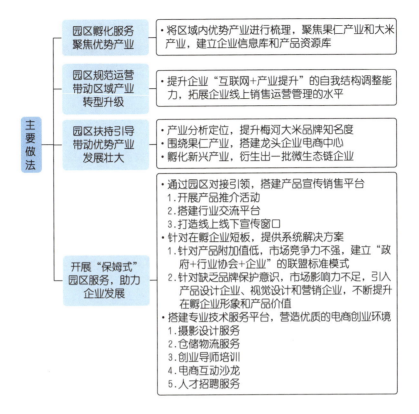

主要做法

- **园区孵化服务聚焦优势产业**
  - 将区域内优势产业进行梳理，聚焦果仁产业和大米产业，建立企业信息库和产品资源库

- **园区规范运营带动区域产业转型升级**
  - 提升企业"互联网+产业提升"的自我结构调整能力，拓展企业线上销售运营管理的水平

- **园区扶持引导带动优势产业发展壮大**
  - 产业分析定位，提升梅河大米品牌知名度
  - 围绕果仁产业，搭建龙头企业电商中心
  - 孵化新兴产业，衍生出一批微生态链企业

- **开展"保姆式"园区服务，助力企业发展**
  - 通过园区对接引领，搭建产品宣传销售平台
    1. 开展产品推介活动
    2. 搭建行业交流平台
    3. 打造线上线下宣传窗口
  - 针对在孵企业短板，提供系统解决方案
    1. 针对产品附加值低，市场竞争力不强，建立"政府+行业协会+企业"的联盟标准模式
    2. 针对缺乏品牌保护意识，市场影响力不足，引入产品设计企业、视觉设计和营销企业，不断提升在孵企业形象和产品价值
  - 搭建专业技术服务平台，营造优质的电商创业环境
    1. 摄影设计服务
    2. 仓储物流服务
    3. 创业导师培训
    4. 电商互动沙龙
    5. 人才招聘服务

三、主要成效

1. 园区以"互联网＋产业升级"模式推动传统产业再发展　园区作为梅河口市重点扶持的电商园区，充分依托区域经济发展特点，利用"互联网＋"的低创业门槛，与县域电商产业有机融合，凭借众多已相对成熟的电商平台，拓宽梅河口传统产业的线上销售。电商平台的跨界融合性强，即时产品在网店获客的优越条件，同时也倒逼经营者思考如何让产品更具竞争优势。电商发展至今，已经不再是一味地靠低价倾销获取市场份额，而是更加注重产品的品质和顾客的满意度。在这种大环境下，园区需要做的就不只是提供办公场地和培训，更重要的是从项目引入起就提高门槛，甄别产品细分市场，关注创业者对产品的标准要求，引导企业不断提高产品品质、品味，在有优质产品的前提下掌握经营技巧，实现企业利润。园区正是在建设之初，就已经将园区产业定位为"互联网＋产业升级"，颠覆人们对县域电商经济"低、劣、差"的评价。作为电商创业者的服务商，必须用心打造一批优秀电商企业，通过园区对企业的培育，让梅河口电商产业园在县域经济发展中实现价值。

2. 营造良好的创业氛围，提升企业核心竞争力 梅河口电商产业园的建设，有力地推进了当地电子商务和现代物流等电商产业链的聚集发展，通过信息化管理提供优质服务。每年为企业减免房屋租赁成本 288 万元；每年减免仓库租金 11 万元；摄影设计、培训、游学交流活动等费用减免超过 30 万元。依托园区电商沙龙活动，拉近了园区内企业的联系，同时给企业提供了更多资源对接的机会，集聚了商流、资金流、信息流和技术流。

3. 推动大众创业创新就业，增强园区的社会责任感 经过一年的发展，园区已经成功地引入了国内外知名电商平台、本地龙头企业电商运营中心及创业型小微企业，入驻企业 34 家，吸纳就业人员 204 人，实现带动就业 1 000 余人。同时，园区充分发挥社会价值，通过与政府合作，免费为政府相关部门、企事业单位、村镇街道电商从业人员和返乡创业人员等进行培训，促进了梅河口市"大众创业、万众创新"的新局面，营造出创业创新的氛围。

四、启示

1. 园区建设应抓住产业定位，明确园区主要产业孵化方向 园区建设应以产业为本，传统产业的集聚优势也是培育电商企业的必要条件，可以为企业提供优质的上游产业链、充沛的产品供应链和可靠的产品可追溯源。因此，园区建设必须对区域内的主导产业进行梳理。只有明确园区发展的主导产业，才能精准地进行资源整合，提供所需的匹配服务。

2. 园区功能要聚焦服务主业，提供一站式创业孵化 园区要发挥带动引领作用，组织在孵企业开阔视野，积极参与行业交流。利用线上线下的方式为企业提供宣传窗口。研究分析在孵企业短板，对症提供系统性的解决方案。搭建专业的技术服务平台，营造便利化的创业环境；解决企业在经营中的宣传不足、专业技术差、销售渠道不通、管理不规范等问题，帮助企业提升市场竞争力。

3. 园区建设需合理规划，设备设施必须完善 园区建设应在建设初期做到合理规划，合理划分园区功能区。做到既有办公场地，又有合理配套公共设施。以办公场地为主，配套建成初创孵化区、加速孵化区、公共服务区、配套服务区等。在办公、生活、交通、休闲等方面提供必备的保障，为企业提供经营和办公保障。

4. 园区创业孵化，应引导企业用足用好创业扶持政策 创业扶持政策是国家和各级地方政府为创业者提供的优惠政策，带有很大的政策导向成分。它既是政府对创业的态度，也是创业者的助推剂，但不是创业的万能药。任何人都不能靠政策创业，也不能为了享受政策而创业。这是用好创业政策必须树立的理念。创业者要在研究市场、看准市场商机的同时，择机选择创业，并适时地通过创业政策为自己服务，从而让创业者更好地走上创业之路、走顺创业之途。

重庆秀山：龙池镇农村电商创业园

> **导语：**龙池镇距秀山县城北偏东 22 千米，全镇面积 125.09 平方千米，耕地 6.06 万亩、林地 10.56 万亩，辖 14 个村（居）77 个村民小组、3.58 万人，集镇人口 1.2 万余人，是全国重点集镇、秀山县工业大镇。国道 319 线、省道 410 线、县道龙涌公路、龙干公路交汇于此。
>
> 在科学技术高速发展的现代社会，为抓住发展机遇、跟上时代步伐，龙池镇以习近平新时代中国特色社会主义思想为指导，深入贯彻党的十九大和十九届二中、三中全会精神，以"共抓大保护、不搞大开发"为导向，以"生态优先、绿色发展"为引领，以深化脱贫攻坚统揽经济社会发展全局，深入践行"绿水青山就是金山银山"理念，落实秀山"旅游是金山，电商是银山"的发展定位，走深走实产业生态化、生态产业化路径，积极发展电商产业，种植中药材（黄精、连翘、百合、黄蜀葵等）、贝贝南瓜、小香薯、无核沃柑等电商产品，激发了全镇经济活力与创新力。

一、主体简介

农村电商创业园位于龙池镇龙潭坝路和平广场，创建于 2018 年 6 月，是"金丝皇菊电商一体化"产业扶贫项目的组成部分。该创业园由秀山县传胪农业专业合作社运营，主要为电商创业人员提供优质的产品供应链、物流、电商培训等内容，目前已形成集产品生产、加工、仓储、销售、电商培训于一体的小型电商孵化园。截至 2019 年上半年，农村电商创业园建成运营中心 1 000 平方米、物流中心 500 平方米，培训电商人才 80 余名，转化电商创业人才 20 余名，开设网店 30 余个，每天上行 3 000 单左右。2019 年，全镇发展电商产品基地规模达 2 000 余亩，其中，贝贝南瓜 500 余亩，金丝皇菊 500 余亩，紫薯、小香薯等甘薯产业 500 余亩，爱媛38 号、无核沃柑等柑橘产业 500 余亩。截至目前，农村电商创业园累计销售额已突破 1 000 万元，每天平均上行 2 000～3 000 单，高峰时期可达5 000～8 000 单。带动种植户 364 户，其中贫困户 142 户，预计实现户均增收 10 000 元以上。金丝皇菊产品已入驻中国农业银行扶贫公益销售平台益农融商城，列入中国农业银行定点帮扶县后勤集中采购名录。目前，正在开设天猫、拼多多店铺，确保在销售旺季来临之前完成贝贝南瓜 450 万元、紫薯 230 万元、猕猴桃 220 万元、冰糖橙 300 万元、脐橙 500 万元、金丝皇菊 1 200 万元的全年销售目标。

基地规模

➢ 贝贝南瓜500余亩
➢ 金丝皇菊500余亩
➢ 紫薯、小香薯等甘薯产业500余亩
➢ 爱媛38号、无核沃柑等柑橘产业500余亩

■ 贝贝南瓜　■ 金丝皇菊　■ 甘薯产业　■ 柑橘产业

　　龙池镇农村电商创业园坚持市场化发展方向，确立了中药材电商小镇发展目标，充分发挥其整合、对接资源能力，预计通过 2～3 年实现入园创业 100 人以上，开设网店 200～300 个，引导部分药食同源类中药材在龙池集散，年销售 1 亿元以上。

二、模式简介

　　1. 模式概括　龙池镇农村电商产业园着力构建完善平台建设、质量追溯、产品开发、物流配送、人才培养五大体系，畅通电商上下行渠道，助推一二三产业融合发展，拉动区域经济增长，形成"互联网＋扶贫产业"的电商发展特有模式。龙池镇在中国农业银行的资助下，充分利用互联网研究市场供求与价格变动，建成了镇级农村电商创业园，探索"农户＋专业合作社＋电商"模式。该模式以土地、资金、劳动等要素入股分红，充分发挥农户的积极性，实现种植、加工、销售一体化发展，加快传统粗放型产业发展模式向科学化、专业化、规模化生产模式的转变，增强了电商产品的规模效应，着力打造武陵山区的特色电商产品区域品牌。不仅延长了电商产品产业链，提升了电商产品的附加值，还降低了扶贫产业的市场风险，提高了扶贫产业效益。在 2018 年金丝皇菊一体化项目取得良好效果的基础上，龙池镇将"互联网＋金丝皇菊"模式复制到"互联网＋油茶、果蔬、中药材"等其他扶贫产业，由点及面推广"互联网＋扶贫产业"模式。

　　"合作社＋农户"管护运营，助推电商产品提质增效。为了确保金丝皇菊、贝贝南瓜等电商产业顺利成长，不致中国农业银行的帮扶资金和群众的辛苦付诸东流，专门成立了由镇主要领导牵头任组长的产业发展工作领导小组，制订金丝皇菊、贝贝南瓜等电商产业基地管护方案，规范了金丝皇菊、贝贝南瓜等电商产品的种植管理。同时，建立完善重大问题村民大会商议、项目推进定期通报和项目资金使用公示公开等制度，明确事权边界，规范内部运行制度。组织开展金丝皇菊、贝贝南瓜等电商产业实用技术培训和电商人员培训 3 期，邀请农业技术人员现场技术指导 12 次，帮助农户学知识、学技能，保证产品种下去、长出来，获得切实的收益。如产业管护中，金丝皇菊花田先后战胜了虫害、大风倒伏和灰白病，终于迎来了金秋菊花盛开。为了让电商产业基地在龙池镇落地生根，镇村干部积极建言献策，尤其是村党支部开展以金丝皇菊管护为主题的支部主题党日活动，坚持"以党建促脱贫，以党建促发展"，筑牢党支部在脱贫攻坚中的战斗堡垒作用。

"合作社＋电商"加工运营，帮助"产品"变"商品"。金丝皇菊产业不走统购集销的传统方式，而是通过与镇电商专业合作社合作，搭乘线上销售快车拓宽销售渠道，帮助金丝皇菊增值。2018 年，杉木村产金丝皇菊鲜花 78 500 千克。为了保障散种农户的利益，合作社白天采摘集体花田的鲜花，晚上加班收购散种农户的鲜花，确保每日鲜花全部入库。大量鲜花入库后，合作社加工能力不足，加工压力陡增。只有进行连续 72 小时的低温烘烤定型，让金丝皇菊保持色、香、味、形，才能让金丝皇菊保质增值，让金丝皇菊跳出农业效率低、附加值低的"魔咒"。县镇两级领导多方联系加工能力较强的周边地区，连夜将鲜花运往外县加工，最终加工出干花 6 000 千克，保证了鲜花的"产量"变为干花的"产品"。通过专业运营，保证电商产品在平台上及时销售。例如，金丝皇菊产品针对市场消费需求进行需求层级分流，采取多种包装（精装、散装）方式，满足消费者多样化的需求。目前，金丝皇菊产品线上线下销售额已超过 200 万元。

2. 发展策略 农村电商创业园在创建初期，通过充分的市场调研，了解到传统生产经营方式造成了"生产""销售"两个环节分离。"生产"怕价格太低，怕没销路；"销售"怕卖不掉，也怕卖太好而无货可卖。生产者，不精于销；销售者，不精于产。通过学习与借鉴，将"以产定销"改变为"以销定产"，统筹考虑扶贫产业种植（养殖）、加工、销售一体化发展，以消费者需求为切入点，充分分析大数据，准确研判电商产品预期，"农户＋专业合作社＋电商"模式成效初显。具体发展策略如下：

以市场需求为导向，规划好全年电商产品品种、种植规模、土地类型、市场需求、运营模式、利益联结机制，构建电商产品供应链。依托物流园区，构建形成了"产研加销"一体化上行产业链，实现了电商产业基地的"七有"，即：一是有产业基地，实施农产品二维码追溯工程，认证金丝皇菊、贝贝南瓜、土鸡、土鸡蛋、脐橙等特色电商基地，实现农户与商家利益捆绑，将千家万户都打造成网货供应基地；二是有集散功能，通过农村电商创业园、物流分拨中心，确保时效；三是有研发中心，建成特色产品研发中心和流通包装中心；四是有自主品牌，实施电商"一村一品"战略，创建自主品牌，上线本土特色电商产品；五是有加工中心，分步建设电商加工线，提升本土电商产品上行价值；六是有流通包装，所有上线产品实现精致实用型流通包装；七是有网销渠道，电商孵化园、"村头"作为传统商户、农特产品上行主平台，同时解决了电商产品上行难题。

3. 主要做法 农户从事种养业，村集体专业合作社和其他市场主体负责加工，电商专业合作社负责销售，推动电商产业链社会化分工，达到专业人做专业事的效果。

(1) 抓人才队伍。一是抓领头人。引导村淘龙池片区负责人成立秀山县传胪电商专业合作社，作为电商扶贫的龙头企业进行培育，吸引区域内电商创业人才加入专业合作社，抱团发展。二是抓创业者。动员各村（居）18～40 岁在家待业的青年参加电商创业培训班，累计培训 100 余人次，其中 20 余人已入驻电商创业园。传胪电商专业合作社将新转化的电商创业人员与电商创业骨干编成创业小组，由熟手手把手教新手，不断壮大电商创业队伍。三是抓生产者。电商创业园将产品订单下到贫困户手中，根据标准化生产的专业化技术需要，由合作社组织贫困劳动力开展专业生产技术培训，提供技术指导服务，将贫困户培养成生产电商产品的专业工人。

(2) 抓平台建设。按照"政府搭台、企业运营"的工作思路，镇级电商创业园建成运营中心 1 000 平方米、物流中心 500 平方米，基本满足拎包入园的创业条件。开展电商发展"政银企"座谈会，获得创业贷款、融合贷款等 100 余万元，解决农村电商发展的资金需求。

（3）抓产业基地。一是选好产品。龙池镇电商产业发展"喜新不厌旧"。一方面，开发本地已成规模产业的山茶油、蜂蜜电商产品，如探索中蜂蜜小包装，将过去 500 克/瓶或 1 000 克/瓶的蜂蜜改成 100 克/支的牙膏似的小包装，方便了消费者食用，降低了单价，提升了线上市场竞争力及销售量。另一方面，电商创业园认真分析线上市场行情，选择市场销量大、生产周期短、适合当地发展、有市场竞争力的农特产业，作为电商产业新增品类。二是精准到户。电商产业基地按照示范户和扶贫户两种类别进行规划，示范户要求有一定技术基础、劳动力和投入能力的农户，带动部分贫困户一起干。更多的电商扶贫项目和政策精准落实到有发展电商产业的贫困户上，确保电商扶贫对象精准。三是配套服务。每个电商扶贫产业都由一个专业合作社具体牵头，负责种苗、技术指导、产品保底回收及加工等服务，极大地降低了贫困户发展电商扶贫产业单打独斗的风险。

（4）抓品质品牌。注重电商产品品质控制，在电商产品金丝皇菊基地、加工厂安装了视频监控系统，要求贫困户按技术和品质标准进行田间管理，如实记录施肥、灭虫等生产过程，并将未删减的监控视频资料上传至云空间，买家扫描二维码可查看，确保生产全过程可追溯、品质可控。在品牌方面，已申请注册多个商标，计划通过优质产品传播，打造 3～5 个线上知名品牌，提升电商产品附加值。

主要做法	抓人才队伍	• 一是抓领头人，成立秀山县传胪电商专业合作社 • 二是抓创业者，参加电商创业培训班 • 三是抓生产者，由合作社组织贫困劳动力开展专业生产技术培训
	抓平台建设	• 镇级电商创业园建成运营中心、物流中心 • 开展电商发展政银企座谈会
	抓产业基地	• 一是选好产品 • 二是精准到户 • 三是配套服务
	抓品质品牌	• 在电商产品金丝皇菊基地、加工厂安装了视频监控系统 • 在品牌方面，已申请注册多个商标，计划通过优质产品传播，打造3～5个线上知名品牌

三、利益联结机制

贫困户从 3 个方面参与电商扶贫产业，分享电商扶贫产业发展成果。

1. 生产电商产品 贫困户与电商创业园签订合同，发展电商产业，通过销售电商产品增收。例如，干川村严家院组贫困户严天志，2018 年种植金丝皇菊 3 亩，亩产鲜花 750 千克左右，单价 6 元，年增收 13 000 元。"专业合作社＋农户＋农村电商"模式，将这三个经营主体紧密联系在一起，激发了群众干事创业的信心与热情，让人民群众对未来的生活更有盼头。

2. 参与电商创业就业 贫困户家中有符合电商创业条件的家庭成员，电商创业园会提供电商创业免费培训，并为其创业提供电脑、产品、金融、物流及运营等方面的帮扶，手把手指导其创业。此外，还优先安排贫困户中的家庭成员到镇电商创业园就业，通过电商就业创业脱贫。

3. 电商收益分红 深化利益联结机制，为电商企业提供产品的贫困户，电商企业在该产品销售增值收入中再次分红 20%，深化了电商企业与提供电商产品农户之间的利益关系，确保发展电商农户在产品市场行情不好时有兜底、市场行情好时有分红。

四、主要成效

龙池镇以建设乡村旅游特色镇为努力方向，抢抓川河盖旅游大开发契机，大力发展干川片区金丝皇菊、白水溪连翘花海等观光农业，积极推进岩纳岔、水源头精品民宿建设，引导婆婆山生态康养基地建设，加强黑洞河景区运营推广，打造一批乡村旅游网红景点，充分实现电商产业经济效益、社会效益和生态效益的紧密结合。

例如，干川片区金丝皇菊项目。龙池镇成立了专业合作社负责经营电商产品，村级集体经济自负盈亏，社员（包括贫困户）以土地、资金入股，所得收益按股权分配。在优先满足贫困群众后，根据其他群众意愿适度发展，由专业合作社以每千克 6 元的保底价格收购鲜花，鲜花销售收益归种植户所有，充分发挥扶贫项目示范带动作用。金丝皇菊种植项目总投资 200 余万元，其中种植投资 100 万元、加工厂房建设投资 50 万元、电商创业园投资 50 万元。在总投资中，中国农业银行对口帮扶秀山扶贫资金 150 万元，群众自筹 50 万元。杉木村 146 户群众以土地、劳动力、资金入股，其中贫困户 29 户，全村贫困户入股率达到 63%，收益分配覆盖贫困户、农户均达到 100%。目前，金丝皇菊干花均价为每千克 600 元，预计营业收入达到 800 万元左右，纯利润达到 210 万元。村集体专业合作社将纯收入的 24% 用于入股股东分红，16% 用于全体村民分红（其中，对建档立卡贫困户实行重点倾斜分红，未脱贫户按一般股东和农户的 3 倍红利分红，已脱贫户按一般股东和农户的 2 倍红利分红），剩下的 60% 留作下一年发展基金。这样既保证了群众的积极性，又可实现长远发展。

在金丝皇菊种植项目中，杉木村的集体经济从无到有、从小到大，从"输血式"扶贫转为"造血式"扶贫，以产业发展实现了贫困村经济的整体发展。通过走线下加工、线上营销的道路，依托旅游通道和电商销售线上线下两条"路"，拓宽了产品销售渠道。通过分工协作和精细管护，提高了农业生产效率，从根本上解决了农业大而不强、农民劳而不富的问题。紧紧依托产业发展的政策支持，完善深化了利益联结机制，激发出群众脱贫内生动力，鼓舞起群众走合作社抱团发展和电商销售共同发展、共同致富的信心，为实现乡村全面振兴做好了产业支撑和制度保障。

五、启示

龙池镇在发展农村电商方面的探索和实践证明，乡镇发展农村电商切实可行、大有可为。一是目前镇电商产业园的知名度和影响力低，规模效应不明显。二是产品规模较小、结构单一，龙池镇虽是秀山县的工业大镇，但产业发展的基础设施仍较为薄弱，抵御市场风险能力明显不足。三是产业链不够完整。尽管电商创业园集生产、加工、销售于一体，但是在创意设计、信息化服务水平等方面仍存在短缺。应大力推进电商产业本地化，推动周边部分药食同源类目产品集散，努力建成重庆市和武陵山区农村电商的示范镇。

下一阶段，龙池镇继续依托"绿水青山就是金山银山"的理念指引，以"旅游是金山，电商是银山"的发展定位，努力打造区域品牌，形成规模化、专业化的电商产业园。打造本土优质电商品牌，不断提升电商产品质量与知名度。加大创意设计投入，以创新驱动发展，运用大数据智能分析提升电商产品的市场竞争力，努力把电商产业做大做强，让电商产品卖得多、卖得远、卖得好，推动电商增值分成惠及更多群众。

浙江遂昌：赶街模式

导语： 赶街在 2010 年起步于浙江省遂昌县，是一家国内最早探索农村电商、定位连接乡村与城市的互联网平台，致力于实现乡村与城市之间资源共享、互通，其服务涵盖乡村消费电商、物流、金融等业务。目前，赶街服务体系已在全国 17 个省份 45 个县市的 12 000 多个行政村落地，服务覆盖 1 600 多万村民。赶街创立之始，就确定了"让乡村更美好"的企业使命，因为创始团队坚信：互联网可以让乡村更加美好。今天的赶街，在经历了数年的县域样板探索及商业实践之后，公司运营布局从浙江遂昌出发，已在浙江杭州设立了技术运营中心，在陕西西安设立了西北运营中心，在上海设立了资源采集中心，在四川成都设立了西南运营中心。

一、主体简介

跟全国其他许多山区一样，遂昌山区地处偏远，农村人口居住极为分散，群众办事很不方便；山区农产品一直有"养在深闺人未识"的困扰，销售营销渠道是制约生态精品农产品发展的瓶颈；同时，在乡村振兴的大背景下，农村劳动力返乡成为一种趋势，返乡人员的就业和返乡适应成为一个社会问题。在赶街人看来，相对城市完善的生活服务体系，今天农村的信息化、物流、金融等服务体系存在很大的缺失，是造成农村发展滞后的核心原因。浙江赶街电子商务有限公司作为遂昌农村电商的龙头企业，也是赶街模式的实施主体。赶街公司顺应了农村发展、农民需求的趋势，创造性地实践了"一中心、三体系"的县域电子商务发展模式，即县级电商服务中心和公共服务、农产品上行、消费品下行三大体系。该模式成为农村"大众创业、万众创新"的新引擎，全面创新构建了基于"互联网＋"的农村电商服务体系，为农村的生活服务、创业增收提供了全新的解决方案。在推进农村繁荣、带动农民增收、促进农业增效、助推消费转型升级方面发挥了重要作用。作为遂昌在农村电子商务领域的突破性创新和实践，"赶街"的服务模式经历了 8 年的探索和实践，从 1.0 模式迭代升级到今天的 3.0 模式，每一次的创新都引领了国内农村电商行业的发展。

主体简介

在赶街人看来，相对城市完善的生活服务体系，今天农村的信息化、物流、金融等服务体系存在很大的缺失，是造成农村发展滞后的核心原因。浙江赶街电子商务有限公司作为遂昌农村电商的龙头企业，也是赶街模式的实施主体

赶街顺应了农村发展、农民需求的趋势，创造性地实践了"一中心、三体系"的县域电子商务发展模式，即县级电商服务中心和公共服务、农产品上行、消费品下行三大体系。赶街成为农村"大众创业、万众创新"的新引擎，全面创新构建了基于"互联网+"的农村电商服务体系，为农村的生活服务、创业增收提供了全新的解决方案

"赶街"的服务模式经历了8年的探索和实践，从1.0模式迭代升级到今天的3.0模式

二、模式简介

1. **模式概括** 2010—2013 年为赶街 1.0 阶段，创建了以服务商驱动的县域电子商务公共服务体系。其核心是农产品分销上行，赶街提供连接农产品生产者、淘宝卖家会员的 B2B 分销平台，并为旗下的淘宝卖家会员提供选品、仓储、发货、质检、摄影、包装等一系列服务，实现了农产品电商的专业化分工。

2013—2016 年，赶街 2.0 阶段，特征是以"县级运营中心＋村级电商服务站"为核心的"消费品下行＋农产品上行"。这种服务模式符合当时中国农村居民对于电子商务的接受习惯，打通了电商平台通往农村的"最后一公里"，成为中国电商平台竞相借鉴的原型模式。这一阶段，赶街模式开始走出遂昌，走向全国。

2016—2017 年赶街推出 3.0 战略，正式启动从农村电商到乡村生活服务平台的战略转型。3.0 模式是以县、乡、村三级合伙人为核心载体，基于移动互联网平台，实现服务下乡、村货进城的双向服务链接。

2. **发展策略** 赶街在农村电商领域的突出创新和实践，得到了各级政府及业内专家的高度关注。阿里研究中心和中国社会科学院在 2013 年时曾联合发布"遂昌模式白皮书"；2015—2018 年，受商务部的委托，负责《农村电子商务服务规范》《农村电子商务工作指引》《农村电子商务强县标准》的起草；2017 年被列为国家电商精准扶贫战略的 15 家核心企业之一；赶街每年要接待来自全国各地各级政府领导、专家学者、企业代表等上千人次的来访。2018 年 2 月，赶街获阿里巴巴、西安投资控股有限

发展模式

2010—2013年 "赶街1.0"	2013—2016年 "赶街2.0"	2016—2017年 "赶街3.0"
创建了以服务商驱动的县域电子商务公共服务体系。其核心是农产品分销上行，赶街提供连接农产品生产者、淘宝卖家会员的B2B分销平台，并为旗下的淘宝卖家会员提供选品、仓储、发货、质检、摄影、包装等一系列服务	特征是以"县级运营中心+村级电商服务站"为核心的"消费品下行+农产品上行"。这种服务模式符合当时中国农村居民对于电子商务的接受习惯，打通了电商平台通往农村的"最后一公里"，成为中国电商平台竞相借鉴的原型模式	正式启动从农村电商到乡村生活服务平台的战略转型。3.0模式是以县、乡、村三级合伙人为核心载体，基于移动互联网平台，实现服务下乡、村货进城的双向服务链接

公司的战略投资；2018年10月，丽水市金融投资控股有限责任公司入股赶街。

遂昌最早于2006年前后，开始在网上销售竹炭产品。2012年，遂昌县与阿里巴巴集团淘宝网签订战略合作协议，2013年成立首家县域农村电子商务服务站（赶街网点）。其后，遂昌农村电子商务品牌迅速打响，先后获得浙江首批电子商务示范县、中国电子商务发展百佳县等荣誉，并受商业部委托承接了《农村电子商务服务规范》《农村电子商务工作指引》2项标准起草工作。2013年，中国社会科学院和阿里巴巴研究院联合发布调研报告，认为农村电子商务遂昌"赶街模式"是以本地化电子商务综合服务商作为驱动，带动县域电子商务生态发展，促进地方传统产业，尤其是农业及农产品加工业实现电子商务化；同时，"电子商务综合服务商＋网商＋传统产业"相互作用，在政策环境的催化下，形成了信息时代的县域经济发展道路。

多年来，遂昌县坚持以政策扶持为举措，把电子商务产业定位为战略性新兴产业，作为山区生态经济重要产业支撑来扶持培育，先后出台了《遂昌县促进全民创业实施意见》《遂昌县加快电子商务发展实施意见》《遂昌县电子商务发展战略规划（2014—2020）》等政策和规划。政府通过购买相应服务，即向企业买培训（网店协会承担培训任务）、买平台（创建特色中国·遂昌馆）、买服务站（赶街村级服务站点等相关配套），实现了农民赢得增收、企业赢得发展、政府赢得效益的成果。

3. 主要做法

（1）建设以集约发展为重心的县级电商服务中心，探索出农村电商"遂昌模式"。打造网店会员与供应商"信息共享、资源互补"的服务性公共联合平台，依托"赶街"大数据，做到定向种养、提前预警，在生产分散化的前提下，实现销售集中化，从而获得更广阔的销售市场和更强的议价能力。同时，建立"七统一"的标准化运营模式，即统一培训、统一采购、统一仓储、统一配送、统一物流、统一包装、统一服务。会员只管线上接单，采购、配送、结算等线下运营都可委托中心全程代办。

(2) 建设以培训服务为重心的公共服务体系，鼓励"草根创业"，助力乡村振兴。成立了非营利性电商社会组织——遂昌网店协会，探索出了一套针对县域农村电商人才的培育机制。先后与相关院校联合成立遂昌县农村电子商务学院（赶街职业技术培训学院），积极开展青年电子商务创业大赛，为政府、企业、返乡大学生、农村青年，以及相关物流、通信、银行等相关服务业提供大量电商理念知识培训，并注重积累相关的经验与课件。协会每年培训上万人次，培育出了一大批新创业网店。

(3) 建立以完善的供应链管理为重心的农产品上行体系，让更多"山货"走出"山门"。"赶街"根植于农村，开创赶街县、乡、村三级线下服务体系，将神经末梢安在了接触农民的最前端。由"协会＋公司"运作，统一解决供应链管理和商品化服务问题。通过集中专业化服务模式，培养大量年轻人专注营销，让专业人干专业事，实现产、供、销分离，为小农户带去了"互联网＋"的全新思维，让深居山村的小农户搭上了信息化的快车，拉近了与广阔市场的距离。

(4) 建立以村级服务站体系为重心的消费品下行体系，有效节约了农民生产生活的成本。村级服务站点可以为村民提供电商（代买、代卖）服务，并通过服务站的物流中转、代收代发，解决物流"最后一公里"的问题。同时，"赶街"的村级服务站通过组团采购、金融支付、缴费服务、城乡物流、信息获取、售后配套等各方面的业务，整合获取足够的盈利支持，不但改变了农村商业环境的现状，也能促进农村传统消费购物习惯的改变，让小农户真正节省资金。

(5) 建立以精准服务群众为重心的信息传递渠道，有效弥合了城乡二元化的裂痕。"赶街"不但是一个产品物流体系，更是一个发布和采集信息的村村通渠道。通过这个渠道，政府可以将各种惠农政策、信息和法规，以最直接和最有效的方式传递到农民群体中去，推动政府"三农"工作有效落实。同时，政府还可以通过这个渠道，将基层反映的问题、表达的诉求进行采集，并通过大数据分析，为政府制定政策、措施等提供可靠、有效的第一手依据。

主要做法

建设以集约发展为重心的县级电商服务中心，探索出农村电商"遂昌模式"

建设以培训服务为重心的公共服务体系，鼓励"草根创业"，助力乡村振兴

建立以完善的供应链管理为重心的农产品上行体系，让更多"山货"走出"山门"

建立以村级服务站体系为重心的消费品下行体系，有效节约了农民生产生活的成本

建立以精准服务群众为重心的信息传递渠道，有效弥合了城乡二元化的裂痕

三、利益联结机制

在农业农村发展的同时，鼓励和引导农民、新型农业经营主体、村集体之间建立有效的利益联结机制，达到共赢的效果，涌现出一批典型案例。

1. **遂昌长粽** 2017 年，在国家实施《关于实施中华优秀传统文化传承发展工程的意见》的大背景下，如何让一个节日带动一部分民间艺术的复兴成为主题。经遂昌政府、赶街、自然造物等多方沟通交流，计划在端午期间举行名为"大过中国节"的系列活动。赶街联手自然造物，深挖遂昌当地的历史文化和美食文化，将遂昌元素与互联网元素相结合，从产品形态（复原最初的形象，长 41 厘米，直径 5 厘米，重 1 千克，需要 10 张新鲜箬叶包裹，每根龙粽有 12 个腰带，要用到近 3 米长的龙须草捆扎，单看工艺复杂程度就已经冠绝国内粽子界）、包装设计（特别邀请书法家为"大过中国节"题字、邀请专业包装公司定制包装材料、邀请插画师专门设计插画、邀请手工艺人定做艾草香囊）、市场定位、文化底蕴、传播营销等方面进行全面改造提升，将遂昌长粽升级为"遂昌龙粽"。产品竞争力进一步跃升，最终成功打造了这款售价高达 100 多元却依然供不应求的龙粽。上市后两周内订单过万，截至当年端午节，全渠道销售龙粽 3 万根，小长粽几十万根，成为当之无愧的"网红粽子"。遂昌长粽多次在中央电视台及各级媒体亮相。

近年来，随着遂昌长粽知名度和美誉度的不断提升，在遂昌本地一直作为传统馈亲赠友、象征着"长情粽意"的遂昌长粽特色产业发展态势进

入快速增长期，仅 2019 年上半年，全县长粽生产量就达 150 万根，产值突破了 5 000 万元。长粽产业的发展，不仅带动了高山优质糯米、土猪肉、梅干菜、箬叶、龙须草及五谷杂粮等原材料及辅料产业的蓬勃发展，同时也有效吸纳了广大农村剩余劳动力参与长粽加工、包装和销售，为农民增收致富打开了新通道。

2. 东西部电商扶贫 2018 年，按照党中央、国务院关于实施新一轮东西部扶贫协作的战略部署和要求，浙江省丽水市遂昌县和四川省巴中市通江县结成帮扶关系，而农村电子商务成为双方扶贫协作的重要组成部分之一。为加快通江县农村电子商务的发展速度，通江县政府和拥有先进农村电商经验及模式的农村电商企业浙江赶街电子商务有限公司成为电子商务战略合作伙伴，以互联网的路径助力通江县实现乡村振兴，实现互利共赢，走出一条东西部扶贫协作的新路子。

2018 年 7 月，由张春根代言的通江县农产品的销售链接——"扶贫县长来代言：如果可以，我把通江邮寄给你"，通过浙江赶街电子商务有限公司旗下的"赶街村货"平台发出，仅仅 1 小时，销售额就超过了 12 万元，创造了赶街活动历史上的一个新纪录。截至活动结束，线上销售额达到 26 万元，标志着通江农特产品"土味"出山，走出通江，走向全国，迈出了历史性的步伐。同年 10 月 17 日，空山贫困户何元海一家手捧土豆笑容满面的全家福，入选商务部电商扶贫成果展，同时也被商务部官方微博电商扶贫专题报道中引用作为封面图片。而《结对遂昌电商 助力通江脱贫奔康》的报道，也入选商务部全国电商扶贫经典案例。

2019 年 1 月 6 日 9 时，通过赶街平台，通江洋姜在云集限时购上线，100 分钟在线上成交 10 000 单，全天共成交 21 000 单，线上卖出 8.5 万千克 63 万元。此次滞销洋姜涉及 2 个镇 8 个村 3 200 余家农户，市场收购价在每斤 0.3～0.4 元，按平均每亩 1 500 千克计算，农户每亩收入在 900～1 200 元；而本次活动按每千克 1.4 元进行收购，提高价格 133%～175%，直接为农户每亩增收 900～1 200 元。与此同时，本次活动紧扣电商精准扶贫，除了大量收购非贫困户种植农户外，还收购了 25 户贫困户洋姜 2.5 万余千克，户均增收 2 000 元，主动聘用了 30 多位贫困户劳动力参与现场开挖、打包和发货，支付劳务费用 2 万余元。

3. 赶街村货 赶街村货新零售模式是国内第一个按照村民直卖的模式来做生鲜产品的电商模式。以线上购物平台＋线下实体 O2O 门店＋社区社群营销＋30 分钟直配等形式组成。前端为中小型农户解决良心种养的优质村货，后端为城市用户提供健康放心食材的平台。

2018 年 7 月，赶街村货新零售首家样板店在赶街总部所在地遂昌试水。经过半年多的运营，赶街村货新零售的第一家店实现销售额 300 多万元，数以万计的县城消费者成为赶街村货新零售店的忠实用户。遂昌县共有 600 多户中小农户通过赶街村货新零售店成功销售自产农产品，平均增收 3 000 元以上，取得了非常显著的精准扶贫效果。并且，赶街村货新零售遂昌店在短短半年内就实现了盈亏平衡。赶街村货新零售店也因此吸引了来自政府、媒体、投资界的巨大关注，继赶街农村电子商务服务站模式之后，有望成为赶街带给中国农村电子商务的又一重大模式创新。

四、主要成效

截至 2018 年底，全国的"赶街"站点月均成交额已达 2 600 万余元。在赶街模式的引领下，越来越多的外出青年返乡创业就业，助力于破解农村"空壳现象"和"空巢现象"。目前，遂昌本地已有网店 2 000 多家，网货供应商 300 多家，第三方服务商 40 多家，农村电子商务从业人员 8 000 多人。与此同时，"赶街"致力打造"一村一品"区域产业，先后涌现出茶叶村、青糕村、笋干村、番薯干村等 20 余个网上销售产品特色村，有效助力精准扶贫，不断带动小农户增收致富。同时，"赶街"也间接推动了农村基层设施、物流配送等条件的进一步改善，对于解决服务群众"最后一公里"问题、促进城乡统筹发展都具有积极的现实意义。

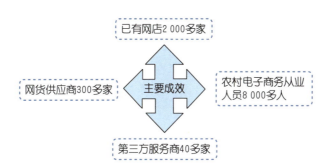

"赶街"致力打造"一村一品"区域产业，先后涌现出茶叶村、青糕村、笋干村、番薯干村等20余个网上销售产品特色村，有效助力精准扶贫，不断带动小农户增收致富

五、启示

1. 践行"绿水青山就是金山银山"要选对路径　　如何打开"绿水青山"通往"金山银山"的路径，各地都在探索和实践。每一个地区都有其各自不同的地理、生态、环境、人文等情况，经济社会发展程度也有高有低，在选择发展路径上必须坚持统筹兼顾、扬长补短，充分发挥自身优

势，尽量避免发展劣势，作出最正确、最合理的选择。遂昌以发展农村电子商务为抓手，通过打造遂昌"赶街模式"、抢占信息化的风口，逐步构建起"互联网＋"生态产业体系，从而进一步推动县域经济社会转型升级。这是基于遂昌县域发展阶段和县情实际分析作出的正确路径选择。

2. 推进产业发展要厘清政府与市场的边界 "赶街"的成功是一次伟大的"互联网＋"创新实践。最初它的出现并非由政府发起，而是市场资源优化配置的自发行为，并以星火燎原之势快速推进。重要的是，政府在发现其潜在价值后，既没有放任自流，也没有拔苗助长，而是坚持"引导不主导、扶持不干预"，通过公共财政杠杆作用，推动政府购买社会服务，全面激发创业创新热情。同时，为"赶街"提供政策等软环境的强大支撑，使其在发展过程中不断修正和提升自己的前进轨迹。

3. 发展农村"互联网＋"生态产业要抢占先机 "赶街"能在遂昌这座山区小城诞生，并从默默无闻发展到声名鹊起，无非是起早抓住了黎明之前的那一丝曙光。随着农村电商布局的快速推进，农村信息化浪潮正在加速袭来，以"互联网＋"为代表的农村生态产业将成为下一片拥有广阔前景的"蓝海"。谁能够抢占先机，谁就将拥有开拓未来的主动权。"赶街"的成功表明，哪怕是四五线城市，哪怕没有优越的创业创新环境，只要保持对新生事物的足够敏感以及一颗随时准备向前冲的心，就能在风起云涌的"互联网＋"时代，让星星之火得以燎原。

未来，"赶街"将继续秉承"积极主动、追求卓越、使命必达"的信念，致力于成为"中国农村电商的第一服务平台"，将"赶街"打造成为全国性的农村电商标杆品牌。目标是在5～10年内，赶街服务体系覆盖全国 200 多个县市的 4 000 多个乡镇，发展 10 万以上赶街经纪人，服务覆盖上亿村民。

赶街，让乡村更美好！

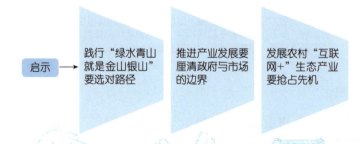

启示 → 践行"绿水青山就是金山银山"要选对路径 | 推进产业发展要厘清政府与市场的边界 | 发展农村"互联网＋"生态产业要抢占先机

新疆兵团：军垦疆味电子商务众创空间

导语： 电子商务对 21 世纪人类生活起到的作用和造成的改变是不可预估的。作为互联网发展的重要应用之一，其发展前景同样不可预估。电子商务的大力发展，对加快实施我国实现信息化带动工业化的发展战略，实现产业间的互助发展模式，增强国家自身的竞争力，具有十分重要的战略意义。

军垦疆味电子商务众创空间（以下简称"众创空间"）初创于 2017 年，以淘宝平台为主，并在微店、一亩田、闲鱼、转转、拼多多等平台都开设网店，是一个以互联网平台为载体销售本地红枣等农特产品为主的综合性电商主体。众创空间实行多店联动，拓展了销售渠道，扩大了产品的影响力。

坚持"质量为本、立足本地、军垦情怀、正宗原味"的经营理念，主要销售本地原生态农产品，包括红枣、核桃、苹果、葡萄干、哈密瓜等干鲜果品，其中以未经清洗加工的原枣为主打产品。

通过 4 年多的积极探索，众创空间积累了一定的电商实操经验，探索了一些简易实用的网络平台和电商销售模式，并通过集中普训和一对一专训相结合的方式，培训了团场职工和创业青年 100 人次，发挥了示范引领作用；此外，还带动了团场职工每年通过电商平台销售本地农产品 1 000 多吨，引导更多的职工通过互联网销售自己生产的农产品。

一、主体简介

军垦疆味电子商务众创空间是依托第一师二团职工创业园的电商孵化中心平台建设的。与二团的新疆天山雪枣枣业有限公司合作，搭建"兵团天山雪"果品的网络销售平台，通过淘宝企业店、阿里巴巴企业店、微店等平台，采取线上线下相结合的方式，销售新疆天山雪枣枣业有限公司加工生产的"兵团天山雪"牌果品。以众创空间为平台，为团场创业青年和果农提供电商营销培训、电商销售平台搭建、产品支持和物流等服务。网店年线上销售 4 万余单，客户覆盖全国各省市。由于产品质量优、口感好，复购率高，好评率达到 99.8%，年销售果品 100 多吨，并解决了本团职工群众就业 40 余人次。

二、模式简介

国家提出"大众创业、万众创新"的战略，给创业创新尤其是电子商务的发展注入了强劲的动力，以"互联网＋"驱动的新经济形态将成为新时代创业者的首选。各级政府围绕促进"双创"和电子商务发展，制定出台了一系列激励扶持政策。这些利好政策给军垦疆味电子商务众创空间带来新的发展机遇。

1. 商业模式

（1）**网络销售**。依托淘宝建立 B2C 模式的淘宝企业店铺，将新疆天山雪枣枣业有限公司的网上经营资质唯一授权给这家电商公司网上运营销售；依托阿里巴巴等网站建立 B2B 模式的电商企业店铺，定位于低价批发，通过线上与线下相结合的方式，在全国各地建立供货网络，实现从产地到终端销售商的直线连接，减少了中间流通环节，提升了双方的利润空间；依托微信公众平台开发微商城，作为新疆天山雪枣枣业有限公司的微商官方商城，既可运用 B2B 模式建立分级代理，也可运用 B2C 模式实现微商销售。建立销售体系，做好稳定货源供应、包装设计印刷、线下洽谈、建立分级代理网络等准备工作，并根据不同的电商平台和销售群体特点，制订不同的营销方案。

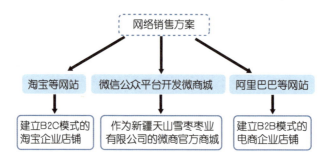

（2）**军垦疆味电子商务众创空间的运营管理**。在电商平台销售取得一定成绩的基础上，尽快完成军垦疆味电子商务众创空间的建设，以电商平台示范点建设为依托，对有意愿从事电商创业的群体开展培训工作，培训的内容以电子商务理念、电商平台建设、电商销售实操、电商销售体系建设等为主要内容，提升电商创业者的专业化水平，吸引更多的创业者从事电子商务。采取有偿服务的模式，为有需求的电商创业者提供电商平台建设服务，让电商创业者能快速上手，加入电商销售队伍中来。以众创空间为依托，通过区域授权的形式，吸引电商创业者成为合作伙伴，不断壮大实力。

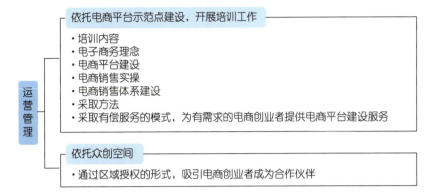

（3）**市场营销**。传统宣传和推广：制作传统的海报、宣传手册，将产品的特点、生产加工过程、品质保障、销售渠道等内容，通过网络平台、线下推广等方式投放到目标群体，达到宣传推广的目的。

淘宝、阿里巴巴平台工具推广：通过网站提供的直通车、钻展、淘宝客、分享＋、手淘海报等引流工具，结合网店红包、优惠券、节日特价等活动，增加网店的流量；通过价格优势和品质优势提升转化率，实现网站销售收入的提升。

微商平台推广：建立微信公众号，将产品的宣传与介绍新疆和兵团的

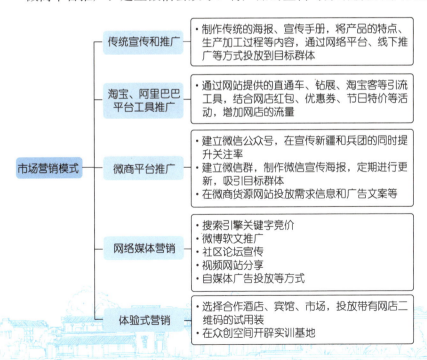

人文地理相结合，在宣传新疆和兵团的同时提升关注率，实现"软推广"；建立微信群，根据目标群体进行分类，制作微信宣传海报，定期进行更新，吸引目标群体；在微商货源网站投放需求信息和广告文案，吸引从事微商代理的人群。

网络媒体营销：主要通过搜索引擎关键字竞价、微博软文推广、社区论坛宣传、视频网站分享、自媒体广告投放等方式，提高产品的曝光度。

体验式营销：在内地选择合作酒店、宾馆、市场，投放带有网店二维码的试用装，以新疆果品良好的口感吸引消费群体购买；在众创空间开辟实训基地，让有意愿从事电商创业的青年实习，熟悉电商平台的运营管理，提高专业技能。

2. **发展策略**　通过电商平台示范点建设，在电商创业群体中形成示范效应，进一步提升电商创业群体的创业积极性。通过培训和服务，进一步规范电商运营的模式，优化电商盈利模式，吸引更多的青年投身到电商创业当中来。通过电商平台销售转变职工地头销售果品的方式，引导职工通过加工销售实现增值，进而实现部分职工由农产品生产者向农产品经纪人的思维转变；逐步在团场建立一支本土的销售团队，促进团场农产品的加工体系优化和销售体系建设。

初期投资 50 万元，主要来源是自有资金、金融贷款、扶持资金以及合伙人入股，用于办公场所布置、电商平台搭建、产品包装、货物储备、销售渠道拓展和聘请培训师。

3. **主要做法**　目前，二团有果品种植面积 4 万余亩，深加工较少，销售主要以地头卖初级农产品为主，没有专业的销售渠道和销售队伍，价格低廉，职工增收困难。而通过市场调研发现，内地消费者对新疆果品的认可度和需求度都比较高，市场销售价格空间也较大。通过互联网定位产品市场、定位客户群体，成为突破果品生产销售瓶颈的重要途径。

（1）综合分析当前市场。

一是充分利用政策资源优势，加强与各级管理部门的沟通协调，争取宽松的经营环境和发展政策。对可能影响公司经营的关键性政策风险，要动态跟踪，及时根据政策变化制定应对的举措。

二是做好前期的市场调研，注重听取不同消费群体的消费需求。根据客户的消费习惯准确定位产品的包装和定价，并在销售过程中注重收集消费者的评价，及时调整商品结构，满足不同消费群体的需求。

三是通过差异化竞争和品牌化经营来开拓市场。网店以价格合适、质量可靠、服务优良为特色保证经营信誉，并积极应对可能出现的网络恶意竞争。采取线上经营与线下代理相结合的方式，拓宽经营渠道，抢占果品销售的一席之地。

四是针对市场季节性波动，加强市场调查，及时掌握顾客需求和货源供给情况，制定合理的销售策略。同时，利用"假日经济"加大宣传推广力度，做好节假日的销售工作，以减少季节性波动带来的影响。

五是针对运营管理水平的风险，公司将认真学习成熟公司的先进管理经验，建立完善的运营和管理标准，使各个管理层次和经营环节均有章可循，各个服务流程实行规范化操作、科学化管理，不断提高管理水平。

六是针对财务风险，公司将通过提高资金使用效率，充分利用"双创"金融扶持政策，并根据市场的拓展程度通过募集资金入股扩大公司股本，制定合理的融资计划，保持合理的财务结构，降低财务风险。

（2）充分利用好当前的各种发展优势。

一是利用团场生产管理模式较为统一的优势，把好种植质量关，规范栽培过程，禁止使用违禁农药，逐步推进"三品一标"建设，确保果品生产品质达到要求，并逐步推广有机认证基地建设和可追溯体系建设，打造果品精品；把好加工质量关，要进一步升级果品加工设备，改进加工工艺，加大果品精选力度，提升加工品质。

二是二团的新疆天山雪枣枣业有限公司有注册商标"兵团天山雪"和食品生产及销售许可，并具有多年线下运营的经验，可根据网络销售平台的需要，进一步丰富产品的包装、宣传、推广和销售渠道，通过电商营销和多渠道的经营运作，使"兵团天山雪"成为消费者认可的有一定影响力的品牌。

三是团场位于果品种植、生产和加工的最前端，直接由农产品变成销售的商品，没有中间流通环节；加之兵团各级党委在职工创业和电商创业方面给予相当多的优惠扶持政策，在创业场地租赁、企业入驻、金融支持、税收返还、水电气费用方面都有相对优势，在一定程度上减少了企业运营成本。通过电商平台销售，减少了中间环节，形成价格上的比较优势。

四是目前全团有近年引进的大学毕业生 142 人、未就业的老职工子女

20 余人，在当前"双创"工作全面推进的时期，这些群体都有创业的热情和愿望。尤其是在电商创业方面，目前全团有电商创业个体 32 个，但由于处于创业初期，如何创业、电商平台如何运营、销售渠道如何建立等方面还比较茫然，一旦有专业的培训和专业团队的引导，马上能发挥出巨大的创业潜能。

五是第一师二团积极响应"双创"工作要求，大力扶持电子商务创业，投资 50 余万元在团职工创业园建设了电子商务产业孵化园，进行了功能分区，并配备了基础的办公设施条件，具备了电商企业入驻、电商创业个体孵化等基础条件。此外，还制订并实施了《二团促进电子商务发展的实施方案》《二团促进电子商务发展奖励扶持办法》等激励政策，营造了良好的政策扶持氛围。

三、运营现状

目前，项目负责人已入驻第一师二团电子商务产业孵化园，开设了一个网上淘宝商城（个人店）代理运营"兵团天山雪"枣 2 年多，2016 年网店销售额 20 余万元，2017 年实现销售额 30 余万元。产品在市场上得到了初步的认可，网店 DSR 在 4.7 分以上，并具有较高的复购率，积累了一定的经验。2017 年 2 月，项目负责人赴江西、湖北、湖南、贵州、云南等地进行了为期一个月的实地市场调研，根据市场调研的情况，已经形成了产品定位、宣传推广和市场渠道拓展的具体思路。2017 年 5～6 月，项目负责人赴杭州淘员外参加了为期一个月的"蒲公英"计划电子商务专题培训，具备了较为清晰的电子商务发展理念和专业的电子商务知识支撑。

四、启示

电子商务是以信息网络技术为手段、以商品交换为中心的商务活动，它是在互联网、企业内部网和增值网上以电子交易方式进行交易和相关服务的活动，是传统商业活动各环节的电子化、网络化和信息化。

电子商务平台的开发与利用将进一步拉近生产者与消费者之间的距离，为团场实施特色农产品走出去战略奠定基础。与此同时，电商产业园的建设，将为团场大学毕业生就业创业提供更专业的平台，也将解决部分团场职工子女的就业问题。

通过电子商务平台展现的每种模式都是根据地区特点应用而生的。有的是传统产业比较发达，政府需要营造电商氛围，电商自然就快速发展起来；有的是通过"无中生有"，本来没有适合的电商产业，但是硬是让当地的网商创造出产业集群来；有的是整合各种资源，政府逐步引导建立了合适的发展模式。

构建适合自己的县域电商发展模式，不仅仅是单纯地去模仿，更重要的是要建立适合自己情况的模式。

1. 将电商作为促进团场传统产业转型升级的主要抓手 团场在推动发展电商产业之初，关注的不光是税收，也不是单纯做大电商产业，而是借助电商与实体经济的融合发展，拉动产业转型升级，激发发展活力。兵团各地在发展电商产业的过程中，要注重实现电商与本地特色产业、优势产业的融合，充分发挥电商促进经济增长的引擎作用。

2. 将电商作为拉动创业、富民就业的重要渠道 在经济"新常态"下，企业用工需求下降，亟须探索民众就业增收、创业创新的新路径。团场应该借助电商产业的发展，带动本地人进行网店的就业创业，尤其是鼓励大量高校毕业生回乡发展。兵团各地可借鉴这些经验，积极提供政策和资源支持，开展电商人才培训，扶持小微电商企业发展，激发民众的电商创业热情，带动增收就业。

目前团场创业氛围日趋浓厚，但在电子商务创业方面尚处于起步阶段，以个体为主，各自为战，专业水平较低，没有形成合力，亟须整合资源，建设更为专业的服务队伍，提升创业者的电子商务创业能力，并形成合力，助推创业者不断壮大实力。军垦疆味电子商务众创空间，不仅增强了创业青年的斗志，而且带动团场物流、冷链、仓储等行业的迅速发展。

附　　录

附录 1　国务院办公厅关于促进农村电子商务加快发展的指导意见

国办发〔2015〕78 号

各省、自治区、直辖市人民政府，国务院各部委、各直属机构：

农村电子商务是转变农业发展方式的重要手段，是精准扶贫的重要载体。通过大众创业、万众创新，发挥市场机制作用，加快农村电子商务发展，把实体店与电商有机结合，使实体经济与互联网产生叠加效应，有利于促消费、扩内需，推动农业升级、农村发展、农民增收。经国务院批准，现就促进农村电子商务加快发展提出以下意见：

一、指导思想

全面贯彻党的十八大和十八届三中、四中、五中全会精神，落实国务院决策部署，按照全面建成小康社会目标和新型工业化、信息化、城镇化、农业现代化同步发展的要求，深化农村流通体制改革，创新农村商业模式，培育和壮大农村电子商务市场主体，加强基础设施建设，完善政策环境，加快发展线上线下融合、覆盖全程、综合配套、安全高效、便捷实惠的现代农村商品流通和服务网络。

二、发展目标

到 2020 年，初步建成统一开放、竞争有序、诚信守法、安全可靠、绿色环保的农村电子商务市场体系，农村电子商务与农村一二三产业深度融合，在推动农民创业就业、开拓农村消费市场、带动农村扶贫开发等方面取得明显成效。

三、重点任务

（一）积极培育农村电子商务市场主体。充分发挥现有市场资源和第三方平台作用，培育多元化农村电子商务市场主体，鼓励电商、物流、商贸、金融、供销、邮政、快递等各类社会资源加强合作，构建农村购物网络平台，实现优势资源的对接与整合，参与农村电子商务发展。

（二）扩大电子商务在农业农村的应用。在农业生产、加工、流通等环节，加强互联网技术应用和推广。拓宽农产品、民俗产品、乡村旅游等市场，在促进工业品、农业生产资料下乡的同时，为农产品进城拓展更大空间。加强运用电子商务大数据引导农业生产，促进农业发展方式转变。

（三）改善农村电子商务发展环境。硬环境方面，加强农村流通基础设施建设，提高农村宽带普及率，加强农村公路建设，提高农村物流配送能力；软环境方面，加强政策扶持，加强人才培养，营造良好市场环境。

四、政策措施

（一）加强政策扶持。深入开展电子商务进农村综合示范，优先在革命老区和贫困地区实施，有关财政支持资金不得用于网络交易平台的建设。制定出台农村电子商务服务规范和工作指引，指导地方开展工作。加快推进信息进村入户工作。加快推进适应电子商务的农产品分等分级、包装运输标准制定和应用。把电子商务纳入扶贫开发工作体系，以建档立卡贫困村为工作重点，提升贫困户运用电子商务创业增收的能力，鼓励引导电商企业开辟革命老区和贫困地区特色农产品网上销售平台，与合作社、种养大户等建立直采直供关系，增加就业和增收渠道。

（二）鼓励和支持开拓创新。鼓励地方、企业等因地制宜，积极探索农村电子商务新模式。开展农村电子商务创新创业大赛，调动返乡高校毕业生、返乡青年和农民工、大学生"村官"、农村青年、巾帼致富带头人、退伍军人等参与农村电子商务的积极性。开展农村电子商务强县创建活动，发挥其带动和引领作用。鼓励供销合作社创建农产品电子商务交易平台。引导各类媒体加大农村电子商务宣传力度，发掘典型案例，推广成功经验。

（三）大力培养农村电商人才。实施农村电子商务百万英才计划，对农民、合作社和政府人员等进行技能培训，增强农民使用智能手机的能力，积极利用移动互联网拓宽电子商务渠道，提升为农民提供信息服务的能力。有条件的地区可以建立专业的电子商务人才培训基地和师资队伍，努力培养一批既懂理论又懂业务、会经营网店、能带头致富的复合型人才。引导具有实践经验的电子商务从业者从城镇返乡创业，鼓励电子商务职业经理人到农村发展。

（四）加快完善农村物流体系。加强交通运输、商贸流通、农业、供销、邮政等部门和单位及电商、快递企业对相关农村物流服务网络和设施的共享衔接，加快完善县乡村农村物流体系，鼓励多站合一、服务同网。鼓励传统农村商贸企业建设乡镇商贸中心和配送中心，发挥好邮政普遍服务的优势，发展第三方配送和共同配送，重点支持老少边穷地区物流设施建设，提高流通效率。加强农产品产地集配和冷链等设施建设。

（五）加强农村基础设施建设。完善电信普遍服务补偿机制，加快农村信息基础设施建设和宽带普及。促进宽带网络提速降费，结合农村电子商务发展，持续提高农村宽带普及率。以建制村通硬化路为重点加快农村公路建设，推进城乡客运一体化，推动有条件的地区实施农村客运线路公交化改造。

（六）加大金融支持力度。鼓励村级电子商务服务点、助农取款服务点相互依托建设，实现优势互补、资源整合，提高利用效率。支持银行业金融机构和支付机构研发适合农村特点的网上支付、手机支付、供应链贷款等金融产品，加强风险控制，保障客户信息和资金安全。加大对电子商务创业农民尤其是青年农民的授信和贷款支持。简化农村网商小额短期贷款手续。符合条件的农村网商，可按规定享受创业担保贷款及贴息政策。

（七）营造规范有序的市场环境。加强网络市场监管，强化安全和质量要求，打击制售假冒伪劣商品、虚假宣传、不正当竞争和侵犯知识产权等违法行为，维护消费者合法权益，促进守法诚信经营。督促第三方平台加强内部管理，规范主体准入，遏制"刷信用"等欺诈行为。维护公平竞争的市场秩序，推进农村电子商务诚信建设。

五、组织实施

各地区、各部门要进一步提高认识，加强组织领导和统筹协调，落实工作责任，完善工作机制，切实抓好各项政策措施的落实。

地方各级人民政府特别是县级人民政府要结合本地实际，因地制宜制订实施方案，出台具体措施；充分发挥农村基层组织的带头作用，整合农村各类资源，积极推动农村电子商务发展。同时，加强规划引导，防止盲目发展和低水平竞争。

　　各部门要明确分工，密切协作，形成合力。商务部要会同有关部门加强统筹协调、跟踪督查，及时总结和推广经验，确保各项任务措施落实到位。

国务院办公厅

2015 年 10 月 31 日

附录2　国务院办公厅关于加快发展流通促进商业消费的意见

国办发〔2019〕42 号

各省、自治区、直辖市人民政府，国务院各部委、各直属机构：

党中央、国务院高度重视发展流通扩大消费。近年来，各地区、各部门积极落实中央决策部署，取得良好成效，国内市场保持平稳运行。但受国内外多重因素叠加影响，当前流通消费领域仍面临一些瓶颈和短板，特别是传统流通企业创新转型有待加强，商品和生活服务有效供给不足，消费环境需进一步优化，城乡消费潜力尚需挖掘。为推动流通创新发展，优化消费环境，促进商业繁荣，激发国内消费潜力，更好满足人民群众消费需求，促进国民经济持续健康发展，经国务院同意，现提出以下意见：

一、促进流通新业态新模式发展。顺应商业变革和消费升级趋势，鼓励运用大数据、云计算、移动互联网等现代信息技术，促进商旅文体等跨界融合，形成更多流通新平台、新业态、新模式。引导电商平台以数据赋能生产企业，促进个性化设计和柔性化生产，培育定制消费、智能消费、信息消费、时尚消费等商业新模式。鼓励发展"互联网＋旧货""互联网＋资源循环"，促进循环消费。实施包容审慎监管，推动流通新业态新模式健康有序发展。（国家发展改革委、工业和信息化部、生态环境部、商务部、文化和旅游部、市场监管总局、体育总局按职责分工负责）

二、推动传统流通企业创新转型升级。支持线下经营实体加快新理念、新技术、新设计改造提升，向场景化、体验式、互动性、综合型消费场所转型。鼓励经营困难的传统百货店、大型体育场馆、老旧工业厂区等改造为商业综合体、消费体验中心、健身休闲娱乐中心等多功能、综合性新型消费载体。在城市规划调整、公共基础设施配套、改扩建用地保障等方面给予支持。（工业和信息化部、自然资源部、住房城乡建设部、商务部、体育总局按职责分工负责）

三、改造提升商业步行街。地方政府可结合实际对商业步行街基础设施、交通设施、信息平台和诚信体系等新建改建项目予以支持，提升品质化、数字化管理服务水平。在符合公共安全的前提下，支持商业步行街等具备条件的商业街区开展户外营销，营造规范有序、丰富多彩的商业氛围。扩大全国示范步行街改造提升试点范围。（住房城乡建设部、商务部、

市场监管总局按职责分工负责）

四、加快连锁便利店发展。深化"放管服"改革，在保障食品安全的前提下，探索进一步优化食品经营许可条件；将智能化、品牌化连锁便利店纳入城市公共服务基础设施体系建设；强化连锁企业总部的管理责任，简化店铺投入使用、营业前消防安全检查，实行告知承诺管理；具备条件的企业从事书报刊发行业务实行"总部审批、单店备案"。支持地方探索对符合条件的品牌连锁企业试行"一照多址"登记。开展简化烟草、乙类非处方药经营审批手续试点。（住房城乡建设部、商务部、应急部、市场监管总局、新闻出版署、烟草局、药监局按职责分工负责）

五、优化社区便民服务设施。打造"互联网＋社区"公共服务平台，新建和改造一批社区生活服务中心，统筹社区教育、文化、医疗、养老、家政、体育等生活服务设施建设，改进社会服务，打造便民消费圈。有条件的地区可纳入城镇老旧小区改造范围，给予财政支持，并按规定享受有关税费优惠政策。鼓励社会组织提供社会服务。（国家发展改革委、教育部、民政部、财政部、住房城乡建设部、商务部、文化和旅游部、卫生健康委、税务总局、体育总局按职责分工负责）

六、加快发展农村流通体系。改造提升农村流通基础设施，促进形成以乡镇为中心的农村流通服务网络。扩大电子商务进农村覆盖面，优化快递服务和互联网接入，培训农村电商人才，提高农村电商发展水平，扩大农村消费。改善提升乡村旅游商品和服务供给，鼓励有条件的地区培育特色农村休闲、旅游、观光等消费市场。（国家发展改革委、工业和信息化部、农业农村部、商务部、文化和旅游部、邮政局按职责分工负责）

七、扩大农产品流通。加快农产品产地市场体系建设，实施"互联网＋"农产品出村进城工程，加快发展农产品冷链物流，完善农产品流通体系，加大农产品分拣、加工、包装、预冷等一体化集配设施建设支持力度，加强特色农产品优势区生产基地现代流通基础设施建设。拓宽绿色、生态产品线上线下销售渠道，丰富城乡市场供给，扩大鲜活农产品消费。（国家发展改革委、财政部、农业农村部、商务部按职责分工负责）

八、拓展出口产品内销渠道。推动扩大内外销产品"同线同标同质"实施范围，引导出口企业打造自有品牌，拓展内销市场网络。在综合保税区积极推广增值税一般纳税人资格试点，落实允许综合保税区内加工制造企业承接境内区外委托加工业务的政策。（财政部、商务部、海关总署、税务总局、市场监管总局按职责分工负责）

九、满足优质国外商品消费需求。允许在海关特殊监管区域内设立保税展示交易平台。统筹考虑自贸试验区、综合保税区发展特点和趋势，扩大跨境电商零售进口试点城市范围，顺应商品消费升级趋势，抓紧调整扩大跨境电商零售进口商品清单。（财政部、商务部、海关总署、税务总局按职责分工负责）

十、释放汽车消费潜力。实施汽车限购的地区要结合实际情况，探索推行逐步放宽或取消限购的具体措施。有条件的地方对购置新能源汽车给予积极支持。促进二手车流通，进一步落实全面取消二手车限迁政策，大气污染防治重点区域应允许符合在用车排放标准的二手车在本省（市）内交易流通。（工业和信息化部、公安部、生态环境部、交通运输部、商务部按职责分工负责）

十一、支持绿色智能商品以旧换新。鼓励具备条件的流通企业回收消费者淘汰的废旧电子电器产品，折价置换超高清电视、节能冰箱、洗衣机、空调、智能手机等绿色、节能、智能电子电器产品，扩大绿色智能消费。有条件的地方对开展相关产品促销活动、建设信息平台和回收体系等给予一定支持。（工业和信息化部、生态环境部、商务部按职责分工负责）

十二、活跃夜间商业和市场。鼓励主要商圈和特色商业街与文化、旅游、休闲等紧密结合，适当延长营业时间，开设深夜营业专区、24小时便利店和"深夜食堂"等特色餐饮街区。有条件的地方可加大投入，打造夜间消费场景和集聚区，完善夜间交通、安全、环境等配套措施，提高夜间消费便利度和活跃度。（住房城乡建设部、交通运输部、商务部、文化和旅游部、应急部按职责分工负责）

十三、拓宽假日消费空间。鼓励有条件的地方充分利用开放性公共空间，开设节假日步行街、周末大集、休闲文体专区等常态化消费场所，组织开展特色促消费活动，探索培育专业化经营管理主体。地方政府要结合实际给予规划引导、场地设施、交通安全保障等方面支持。（住房城乡建设部、交通运输部、商务部、文化和旅游部、应急部、市场监管总局按职责分工负责）

十四、搭建品牌商品营销平台。积极培育形成若干国际消费中心城市，引导自主品牌提升市场影响力和认知度，推动国内销售的国际品牌与发达国家市场在品质价格、上市时间、售后服务等方面同步接轨。因地制宜，创造条件，吸引知名品牌开设首店、首发新品，带动扩大消费，促进国内产业升级。保护和发展中华老字号品牌，对于中华老字号中确需保护的传统技艺，可按相关规定申请非物质文化遗产保护相关资金。（商务部、文化和旅游部、市场监管总局按职责分工负责）

十五、降低流通企业成本费用。推动工商用电同价政策尽快全面落实。各地不得干预连锁企业依法申请和享受总分机构汇总纳税政策。（国

家发展改革委、财政部、税务总局按职责分工负责）

十六、鼓励流通企业研发创新。研究进一步扩大研发费用税前加计扣除政策适用范围。加大对国内不能生产、行业企业急需的高性能物流设备进口的支持力度，降低物流成本；研究将相关领域纳入《产业结构调整指导目录》"鼓励类"，推动先进物流装备产业发展，加快推进现代物流发展。（国家发展改革委、科技部、财政部、商务部、税务总局按职责分工负责）

十七、扩大成品油市场准入。取消石油成品油批发仓储经营资格审批，将成品油零售经营资格审批下放至地市级人民政府，加强成品油流通事中事后监管，强化安全保障措施落实。乡镇以下具备条件的地区建设加油站、加气站、充电站等可使用存量集体建设用地，扩大成品油市场消费。（国家发展改革委、自然资源部、生态环境部、住房城乡建设部、交通运输部、商务部、应急部、海关总署、市场监管总局按职责分工负责）

十八、发挥财政资金引导作用。统筹用好中央财政服务业发展资金等现有专项资金或政策，补齐流通领域短板。各地可因地制宜，加强对创新发展流通、促进扩大消费的财政支持。（财政部、商务部按职责分工负责）

十九、加大金融支持力度。鼓励金融机构创新消费信贷产品和服务，推动专业化消费金融组织发展。鼓励金融机构对居民购买新能源汽车、绿色智能家电、智能家居、节水器具等绿色智能产品提供信贷支持，加大对新消费领域金融支持力度。（人民银行、银保监会按职责分工负责）

二十、优化市场流通环境。强化消费信用体系建设，加快建设覆盖线上线下的重要产品追溯体系。严厉打击线上线下销售侵权假冒商品、发布虚假广告等违法行为，针对食品、药品、汽车配件、小家电等消费品，加大农村和城乡接合部市场治理力度。修订汽车、平板电视等消费品修理更换退货责任规定。积极倡导企业实行无理由退货制度。（国家发展改革委、工业和信息化部、公安部、农业农村部、商务部、应急部、海关总署、市场监管总局、药监局按职责分工负责）

各地区、各有关部门要充分认识创新发展流通、推动消费升级、促进扩大消费的重要意义，切实抓好各项政策措施的落实落地。各地区要结合本地实际完善政策措施，认真组织实施。各有关部门要落实责任，加强协作，形成合力，确保推动各项政策措施落实到位。

国务院办公厅
2019 年 8 月 16 日

附录3　国务院关于积极推进"互联网十"行动的指导意见

国办发〔2015〕40号

各省、自治区、直辖市人民政府，国务院各部委、各直属机构：

"互联网十"是把互联网的创新成果与经济社会各领域深度融合，推动技术进步、效率提升和组织变革，提升实体经济创新力和生产力，形成更广泛的以互联网为基础设施和创新要素的经济社会发展新形态。在全球新一轮科技革命和产业变革中，互联网与各领域的融合发展具有广阔前景和无限潜力，已成为不可阻挡的时代潮流，正对各国经济社会发展产生着战略性和全局性的影响。积极发挥我国互联网已经形成的比较优势，把握机遇，增强信心，加快推进"互联网十"发展，有利于重塑创新体系、激发创新活力、培育新兴业态和创新公共服务模式，对打造大众创业、万众创新和增加公共产品、公共服务"双引擎"，主动适应和引领经济发展新常态，形成经济发展新动能，实现中国经济提质增效升级具有重要意义。

近年来，我国在互联网技术、产业、应用以及跨界融合等方面取得了积极进展，已具备加快推进"互联网十"发展的坚实基础，但也存在传统企业运用互联网的意识和能力不足、互联网企业对传统产业理解不够深入、新业态发展面临体制机制障碍、跨界融合型人才严重匮乏等问题，亟待加以解决。为加快推动互联网与各领域深入融合和创新发展，充分发挥"互联网十"对稳增长、促改革、调结构、惠民生、防风险的重要作用，现就积极推进"互联网十"行动提出以下意见。

一、行动要求

（一）总体思路

顺应世界"互联网十"发展趋势，充分发挥我国互联网的规模优势和应用优势，推动互联网由消费领域向生产领域拓展，加速提升产业发展水平，增强各行业创新能力，构筑经济社会发展新优势和新动能。坚持改革创新和市场需求导向，突出企业的主体作用，大力拓展互联网与经济社会各领域融合的广度和深度。着力深化体制机制改革，释放发展潜力和活力；着力做优存量，推动经济提质增效和转型升级；着力做大增量，培育新兴业态，打造新的增长点；着力创新政府服务模式，夯实网络发展基础，营造安全网络环境，提升公共服务水平。

（二）基本原则

坚持开放共享。营造开放包容的发展环境，将互联网作为生产生活要素共享的重要平台，最大限度优化资源配置，加快形成以开放、共享为特征的经济社会运行新模式。

坚持融合创新。鼓励传统产业树立互联网思维，积极与"互联网＋"相结合。推动互联网向经济社会各领域加速渗透，以融合促创新，最大限度汇聚各类市场要素的创新力量，推动融合性新兴产业成为经济发展新动力和新支柱。

坚持变革转型。充分发挥互联网在促进产业升级以及信息化和工业化深度融合中的平台作用，引导要素资源向实体经济集聚，推动生产方式和发展模式变革。创新网络化公共服务模式，大幅提升公共服务能力。

坚持引领跨越。巩固提升我国互联网发展优势，加强重点领域前瞻性布局，以互联网融合创新为突破口，培育壮大新兴产业，引领新一轮科技革命和产业变革，实现跨越式发展。

坚持安全有序。完善互联网融合标准规范和法律法规，增强安全意识，强化安全管理和防护，保障网络安全。建立科学有效的市场监管方式，促进市场有序发展，保护公平竞争，防止形成行业垄断和市场壁垒。

（三）发展目标

到 2018 年，互联网与经济社会各领域的融合发展进一步深化，基于互联网的新业态成为新的经济增长动力，互联网支撑大众创业、万众创新的作用进一步增强，互联网成为提供公共服务的重要手段，网络经济与实体经济协同互动的发展格局基本形成。

1. 经济发展进一步提质增效。互联网在促进制造业、农业、能源、环保等产业转型升级方面取得积极成效，劳动生产率进一步提高。基于互联网的新兴业态不断涌现，电子商务、互联网金融快速发展，对经济提质增效的促进作用更加凸显。

2. 社会服务进一步便捷普惠。健康医疗、教育、交通等民生领域互联网应用更加丰富，公共服务更加多元，线上线下结合更加紧密。社会服务资源配置不断优化，公众享受到更加公平、高效、优质、便捷的服务。

3. 基础支撑进一步夯实提升。网络设施和产业基础得到有效巩固加强，应用支撑和安全保障能力明显增强。固定宽带网络、新一代移动通信网和下一代互联网加快发展，物联网、云计算等新型基础设施更加完备。人工智能等技术及其产业化能力显著增强。

4. 发展环境进一步开放包容。全社会对互联网融合创新的认识不断深入，互联网融合发展面临的体制机制障碍有效破除，公共数据资源开放取得实质性进展，相关标准规范、信用体系和法律法规逐步完善。

到 2025 年，网络化、智能化、服务化、协同化的"互联网＋"产业生态体系基本完善，"互联网＋"新经济形态初步形成，"互联网＋"成为经济社会创新发展的重要驱动力量。

二、重点行动

（一）"互联网＋"创业创新

充分发挥互联网的创新驱动作用，以促进创业创新为重点，推动各类要素资源聚集、开放和共享，大力发展众创空间、开放式创新等，引导和推动全社会形成大众创业、万众创新的浓厚氛围，打造经济发展新引擎。（国家发展改革委、科技部、工业和信息化部、人力资源社会保障部、商务部等负责，列第一位者为牵头部门，下同）

1. 强化创业创新支撑。鼓励大型互联网企业和基础电信企业利用技术优势和产业整合能力，向小微企业和创业团队开放平台入口、数据信息、计算能力等资源，提供研发工具、经营管理和市场营销等方面的支持和服务，提高小微企业信息化应用水平，培育和孵化具有良好商业模式的创业企业。充分利用互联网基础条件，完善小微企业公共服务平台网络，集聚创业创新资源，为小微企业提供找得着、用得起、有保障的服务。

2. 积极发展众创空间。充分发挥互联网开放创新优势，调动全社会力量，支持创新工场、创客空间、社会实验室、智慧小企业创业基地等新型众创空间发展。充分利用国家自主创新示范区、科技企业孵化器、大学科技园、商贸企业集聚区、小微企业创业示范基地等现有条件，通过市场化方式构建一批创新与创业相结合、线上与线下相结合、孵化与投资相结合的众创空间，为创业者提供低成本、便利化、全要素的工作空间、网络空间、社交空间和资源共享空间。实施新兴产业"双创"行动，建立一批新兴产业"双创"示范基地，加快发展"互联网＋"创业网络体系。

3. 发展开放式创新。鼓励各类创新主体充分利用互联网，把握市场需求导向，加强创新资源共享与合作，促进前沿技术和创新成果及时转化，构建开放式创新体系。推动各类创业创新扶持政策与互联网开放平台联动协作，为创业团队和个人开发者提供绿色通道服务。加快发展创业服务业，积极推广众包、用户参与设计、云设计等新型研发组织模式，引导建立社会各界交流合作的平台，推动跨区域、跨领域的技术成果转移和协同创新。

（二）"互联网＋"协同制造

推动互联网与制造业融合，提升制造业数字化、网络化、智能化水平，加强产业链协作，发展基于互联网的协同制造新模式。在重点领域推进智能制造、大规模个性化定制、网络化协同制造和服务型制造，打造一批网络化协同制造公共服务平台，加快形成制造业网络化产业生态体系。（工业和信息化部、国家发展改革委、科技部共同牵头）

1. **大力发展智能制造。**以智能工厂为发展方向，开展智能制造试点示范，加快推动云计算、物联网、智能工业机器人、增材制造等技术在生产过程中的应用，推进生产装备智能化升级、工艺流程改造和基础数据共享。着力在工控系统、智能感知元器件、工业云平台、操作系统和工业软件等核心环节取得突破，加强工业大数据的开发与利用，有效支撑制造业智能化转型，构建开放、共享、协作的智能制造产业生态。

2. **发展大规模个性化定制。**支持企业利用互联网采集并对接用户个性化需求，推进设计研发、生产制造和供应链管理等关键环节的柔性化改造，开展基于个性化产品的服务模式和商业模式创新。鼓励互联网企业整合市场信息，挖掘细分市场需求与发展趋势，为制造企业开展个性化定制提供决策支撑。

3. **提升网络化协同制造水平。**鼓励制造业骨干企业通过互联网与产业链各环节紧密协同，促进生产、质量控制和运营管理系统全面互联，推行众包设计研发和网络化制造等新模式。鼓励有实力的互联网企业构建网络化协同制造公共服务平台，面向细分行业提供云制造服务，促进创新资源、生产能力、市场需求的集聚与对接，提升服务中小微企业能力，加快全社会多元化制造资源的有效协同，提高产业链资源整合能力。

4. **加速制造业服务化转型。**鼓励制造企业利用物联网、云计算、大数据等技术，整合产品全生命周期数据，形成面向生产组织全过程的决策服务信息，为产品优化升级提供数据支撑。鼓励企业基于互联网开展故障预警、远程维护、质量诊断、远程过程优化等在线增值服务，拓展产品价值空间，实现从制造向"制造＋服务"的转型升级。

（三）"互联网＋"现代农业

利用互联网提升农业生产、经营、管理和服务水平，培育一批网络化、智能化、精细化的现代"种养加"生态农业新模式，形成示范带动效应，加快完善新型农业生产经营体系，培育多样化农业互联网管理服务模式，逐步建立农副产品、农资质量安全追溯体系，促进农业现代化水平明显提升。（农业部、国家发展改革委、科技部、商务部、质检总局、食品药品监管总局、林业局等负责）

1. **构建新型农业生产经营体系。**鼓励互联网企业建立农业服务平台，支撑专业大户、家庭农场、农民合作社、农业产业化龙头企业等新型农业生产经营主体，加强产销衔接，实现农业生产由生产导向向消费导向转变。提高农业生产经营的科技化、组织化和精细化水平，推进农业生产流通销售方式变革和农业发展方式转变，提升农业生产效率和增值空间。规范用好农村土地流转公共服务平台，提升土地流转透明度，保障农民权益。

2. **发展精准化生产方式。**推广成熟可复制的农业物联网应用模式。在基础较好的领域和地区，普及基于环境感知、实时监测、自动控制的网络化农业环境监测系统。在大宗农产品规模生产区域，构建天地一体的农业物联网测控体系，实施智能节水灌溉、测土配方施肥、农机定位耕种等精准化作业。在畜禽标准化规模养殖基地和水产健康养殖示范基地，推动饲料精准投放、疾病自动诊断、废弃物自动回收等智能设备的应用普及和互联互通。

3. **提升网络化服务水平。**深入推进信息进村入户试点，鼓励通过移动互联网为农民提供政策、市场、科技、保险等生产生活信息服务。支持互联网企业与农业生产经营主体合作，综合利用大数据、云计算等技术，建立农业信息监测体系，为灾害预警、耕地质量监测、重大动植物疫情防控、市场波动预测、经营科学决策等提供服务。

4. **完善农副产品质量安全追溯体系。**充分利用现有互联网资源，构建农副产品质量安全追溯公共服务平台，推进制度标准建设，建立产地准出与市场准入衔接机制。支持新型农业生产经营主体利用互联网技术，对生产经营过程进行精细化信息化管理，加快推动移动互联网、物联网、二维码、无线射频识别等信息技术在生产加工和流通销售各环节的推广应用，强化上下游追溯体系对接和信息互通共享，不断扩大追溯体系覆盖面，实现农副产品"从农田到餐桌"全过程可追溯，保障"舌尖上的安全"。

（四）"互联网＋"智慧能源

通过互联网促进能源系统扁平化，推进能源生产与消费模式革命，提高能源利用效率，推动节能减排。加强分布式能源网络建设，提高可再生能源占比，促进能源利用结构优化。加快发电设施、用电设施和电网智能化改造，提高电力系统的安全性、稳定性和可靠性。（能源局、国家发展改革委、工业和信息化部等负责）

1. 推进能源生产智能化。 建立能源生产运行的监测、管理和调度信息公共服务网络，加强能源产业链上下游企业的信息对接和生产消费智能化，支撑电厂和电网协调运行，促进非化石能源与化石能源协同发电。鼓励能源企业运用大数据技术对设备状态、电能负载等数据进行分析挖掘与预测，开展精准调度、故障判断和预测性维护，提高能源利用效率和安全稳定运行水平。

2. 建设分布式能源网络。 建设以太阳能、风能等可再生能源为主体的多能源协调互补的能源互联网。突破分布式发电、储能、智能微网、主动配电网等关键技术，构建智能化电力运行监测、管理技术平台，使电力设备和用电终端基于互联网进行双向通信和智能调控，实现分布式电源的及时有效接入，逐步建成开放共享的能源网络。

3. 探索能源消费新模式。 开展绿色电力交易服务区域试点，推进以智能电网为配送平台，以电子商务为交易平台，融合储能设施、物联网、智能用电设施等硬件以及碳交易、互联网金融等衍生服务于一体的绿色能源网络发展，实现绿色电力的点到点交易及实时配送和补贴结算。进一步加强能源生产和消费协调匹配，推进电动汽车、港口岸电等电能替代技术的应用，推广电力需求侧管理，提高能源利用效率。基于分布式能源网络，发展用户端智能化用能、能源共享经济和能源自由交易，促进能源消费生态体系建设。

4. 发展基于电网的通信设施和新型业务。 推进电力光纤到户工程，完善能源互联网信息通信系统。统筹部署电网和通信网深度融合的网络基础设施，实现同缆传输、共建共享，避免重复建设。鼓励依托智能电网发展家庭能效管理等新型业务。

（五）"互联网＋"普惠金融

促进互联网金融健康发展，全面提升互联网金融服务能力和普惠水平，鼓励互联网与银行、证券、保险、基金的融合创新，为大众提供丰富、安全、便捷的金融产品和服务，更好满足不同层次实体经济的投融资需求，培育一批具有行业影响力的互联网金融创新型企业。（人民银行、银监会、证监会、保监会、国家发展改革委、工业和信息化部、网信办等负责）

1. **探索推进互联网金融云服务平台建设**。探索互联网企业构建互联网金融云服务平台。在保证技术成熟和业务安全的基础上，支持金融企业与云计算技术提供商合作开展金融公共云服务，提供多样化、个性化、精准化的金融产品。支持银行、证券、保险企业稳妥实施系统架构转型，鼓励探索利用云服务平台开展金融核心业务，提供基于金融云服务平台的信用、认证、接口等公共服务。

2. **鼓励金融机构利用互联网拓宽服务覆盖面**。鼓励各金融机构利用云计算、移动互联网、大数据等技术手段，加快金融产品和服务创新，在更广泛地区提供便利的存贷款、支付结算、信用中介平台等金融服务，拓宽普惠金融服务范围，为实体经济发展提供有效支撑。支持金融机构和互联网企业依法合规开展网络借贷、网络证券、网络保险、互联网基金销售等业务。扩大专业互联网保险公司试点，充分发挥保险业在防范互联网金融风险中的作用。推动金融集成电路卡（IC卡）全面应用，提升电子现金的使用率和便捷性。发挥移动金融安全可信公共服务平台（MTPS）的作用，积极推动商业银行开展移动金融创新应用，促进移动金融在电子商务、公共服务等领域的规模应用。支持银行业金融机构借助互联网技术发展消费信贷业务，支持金融租赁公司利用互联网技术开展金融租赁业务。

3. **积极拓展互联网金融服务创新的深度和广度**。鼓励互联网企业依法合规提供创新金融产品和服务，更好满足中小微企业、创新型企业和个人的投融资需求。规范发展网络借贷和互联网消费信贷业务，探索互联网金融服务创新。积极引导风险投资基金、私募股权投资基金和产业投资基金投资于互联网金融企业。利用大数据发展市场化个人征信业务，加快网络征信和信用评价体系建设。加强互联网金融消费权益保护和投资者保护，建立多元化金融消费纠纷解决机制。改进和完善互联网金融监管，提高金融服务安全性，有效防范互联网金融风险及其外溢效应。

（六）"互联网＋"益民服务

充分发挥互联网的高效、便捷优势，提高资源利用效率，降低服务消费成本。大力发展以互联网为载体、线上线下互动的新兴消费，加快发展基于互联网的医疗、健康、养老、教育、旅游、社会保障等新兴服务，创新政府服务模式，提升政府科学决策能力和管理水平。（国家发展改革委、教育部、工业和信息化部、民政部、人力资源社会保障部、商务部、卫生计生委、质检总局、食品药品监管总局、林业局、旅游局、网信办、信访局等负责）

1. **创新政府网络化管理和服务**。加快互联网与政府公共服务体系的深度融合，推动公共数据资源开放，促进公共服务创新供给和服务资源整合，构建面向公众的一体化在线公共服务体系。积极探索公众参与的网络化社会管理服务新模式，充分利用互联网、移动互联网应用平台等，加快推进政务新媒体发展建设，加强政府与公众的沟通交流，提高政府公共管理、公共服务和公共政策制定的响应速度，提升政府科学决策能力和社会治理水平，促进政府职能转变和简政放权。深入推进网上信访，提高信访工作质量、效率和公信力。鼓励政府和互联网企业合作建立信用信息共享平台，探索开展一批社会治理互联网应用试点，打通政府部门、企事业单位之间的数据壁垒，利用大数据分析手段，提升各级政府的社会治理能力。加强对"互联网＋"行动的宣传，提高公众参与度。

2. **发展便民服务新业态。**发展体验经济，支持实体零售商综合利用网上商店、移动支付、智能试衣等新技术，打造体验式购物模式。发展社区经济，在餐饮、娱乐、家政等领域培育线上线下结合的社区服务新模式。发展共享经济，规范发展网络约租车，积极推广在线租房等新业态，着力破除准入门槛高、服务规范难、个人征信缺失等瓶颈制约。发展基于互联网的文化、媒体和旅游等服务，培育形式多样的新型业态。积极推广基于移动互联网入口的城市服务，开展网上社保办理、个人社保权益查询、跨地区医保结算等互联网应用，让老百姓足不出户享受便捷高效的服务。

3. **推广在线医疗卫生新模式。**发展基于互联网的医疗卫生服务，支持第三方机构构建医学影像、健康档案、检验报告、电子病历等医疗信息共享服务平台，逐步建立跨医院的医疗数据共享交换标准体系。积极利用移动互联网提供在线预约诊疗、候诊提醒、划价缴费、诊疗报告查询、药品配送等便捷服务。引导医疗机构面向中小城市和农村地区开展基层检查、上级诊断等远程医疗服务。鼓励互联网企业与医疗机构合作建立医疗网络信息平台，加强区域医疗卫生服务资源整合，充分利用互联网、大数据等手段，提高重大疾病和突发公共卫生事件防控能力。积极探索互联网延伸医嘱、电子处方等网络医疗健康服务应用。鼓励有资质的医学检验机构、医疗服务机构联合互联网企业，发展基因检测、疾病预防等健康服务模式。

4. **促进智慧健康养老产业发展。**支持智能健康产品创新和应用，推广全面量化健康生活新方式。鼓励健康服务机构利用云计算、大数据等技术搭建公共信息平台，提供长期跟踪、预测预警的个性化健康管理服务。发展第三方在线健康市场调查、咨询评价、预防管理等应用服务，提升规范化和专业化运营水平。依托现有互联网资源和社会力量，以社区为基础，搭建养老信息服务网络平台，提供护理看护、健康管理、康复照料等居家养老服务。鼓励养老服务机构应用基于移动互联网的便携式体检、紧急呼叫监控等设备，提高养老服务水平。

5. **探索新型教育服务供给方式。**鼓励互联网企业与社会教育机构根据市场需求开发数字教育资源，提供网络化教育服务。鼓励学校利用数字教育资源及教育服务平台，逐步探索网络化教育新模式，扩大优质教育资源覆盖面，促进教育公平。鼓励学校通过与互联网企业合作等方式，对接线上线下教育资源，探索基础教育、职业教育等教育公共服务提供新方式。推动开展学历教育在线课程资源共享，推广大规模在线开放课程等网络学习模式，探索建立网络学习学分认定与学分转换等制度，加快推动高等教育服务模式变革。

（七）"互联网＋"高效物流

加快建设跨行业、跨区域的物流信息服务平台，提高物流供需信息对接和使用效率。鼓励大数据、云计算在物流领域的应用，建设智能仓储体系，优化物流运作流程，提升物流仓储的自动化、智能化水平和运转效率，降低物流成本。（国家发展改革委、商务部、交通运输部、网信办等负责）

1. **构建物流信息共享互通体系。**发挥互联网信息集聚优势，聚合各类物流信息资源，鼓励骨干物流企业和第三方机构搭建面向社会的物流信息服务平台，整合仓储、运输和配送信息，开展物流全程监测、预警，提高物流安全、环保和诚信水平，统筹优化社会物流资源配置。构建互通省际、下达市县、兼顾乡村的物流信息互联网络，建立各类可开放数据的对接机制，加快完善物流信息交换开放标准体系，在更广范围促进物流信息充分共享与互联互通。

2. **建设深度感知智能仓储系统。**在各级仓储单元积极推广应用二维码、无线射频识别等物联网感知技术和大数据技术，实现仓储设施与货物的实时跟踪、网络化管理以及库存信息的高度共享，提高货物调度效率。鼓励应用智能化物流装备提升仓储、运输、分拣、包装等作业效率，提高各类复杂订单的出货处理能力，缓解货物囤积停滞瓶颈制约，提升仓储运管水平和效率。

3. **完善智能物流配送调配体系。**加快推进货运车联网与物流园区、仓储设施、配送网点等信息互联，促进人员、货源、车源等信息高效匹配，有效降低货车空驶率，提高配送效率。鼓励发展社区自提柜、冷链储藏柜、代收服务点等新型社区化配送模式，结合构建物流信息互联网络，加快推进县到村的物流配送网络和村级配送网点建设，解决物流配送"最后一公里"问题。

（八）"互联网＋"电子商务

巩固和增强我国电子商务发展领先优势，大力发展农村电商、行业电商和跨境电商，进一步扩大电子商务发展空间。电子商务与其他产业的融合不断深化，网络化生产、流通、消费更加普及，标准规范、公共服务等支撑环境基本完善。（国家发展改革委、商务部、工业和信息化部、交通运输部、农业部、海关总署、税务总局、质检总局、网信办等负责）

1. **积极发展农村电子商务**。开展电子商务进农村综合示范，支持新型农业经营主体和农产品、农资批发市场对接电商平台，积极发展以销定产模式。完善农村电子商务配送及综合服务网络，着力解决农副产品标准化、物流标准化、冷链仓储建设等关键问题，发展农产品个性化定制服务。开展生鲜农产品和农业生产资料电子商务试点，促进农业大宗商品电子商务发展。

2. **大力发展行业电子商务**。鼓励能源、化工、钢铁、电子、轻纺、医药等行业企业，积极利用电子商务平台优化采购、分销体系，提升企业经营效率。推动各类专业市场线上转型，引导传统商贸流通企业与电子商务企业整合资源，积极向供应链协同平台转型。鼓励生产制造企业面向个性化、定制化消费需求深化电子商务应用，支持设备制造企业利用电子商务平台开展融资租赁服务，鼓励中小微企业扩大电子商务应用。按照市场化、专业化方向，大力推广电子招标投标。

3. **推动电子商务应用创新**。鼓励企业利用电子商务平台的大数据资源，提升企业精准营销能力，激发市场消费需求。建立电子商务产品质量追溯机制，建设电子商务售后服务质量检测云平台，完善互联网质量信息公共服务体系，解决消费者维权难、退货难、产品责任追溯难等问题。加强互联网食品药品市场监测监管体系建设，积极探索处方药电子商务销售和监管模式创新。鼓励企业利用移动社交、新媒体等新渠道，发展社交电商、"粉丝"经济等网络营销新模式。

4. **加强电子商务国际合作**。鼓励各类跨境电子商务服务商发展，完善跨境物流体系，拓展全球经贸合作。推进跨境电子商务通关、检验检疫、结汇等关键环节单一窗口综合服务体系建设。创新跨境权益保障机制，利用合格评定手段，推进国际互认。创新跨境电子商务管理，促进信息网络畅通、跨境物流便捷、支付及结汇无障碍、税收规范便利、市场及贸易规则互认互通。

（九）"互联网＋"便捷交通

加快互联网与交通运输领域的深度融合，通过基础设施、运输工具、运行信息等互联网化，推进基于互联网平台的便捷化交通运输服务发展，显著提高交通运输资源利用效率和管理精细化水平，全面提升交通运输行业服务品质和科学治理能力。（国家发展改革委、交通运输部共同牵头）

1. **提升交通运输服务品质**。推动交通运输主管部门和企业将服务性数据资源向社会开放，鼓励互联网平台为社会公众提供实时交通运行状态查询、出行路线规划、网上购票、智能停车等服务，推进基于互联网平台的多种出行方式信息服务对接和一站式服务。加快完善汽车健康档案、维修诊断和服务质量信息服务平台建设。

2. **推进交通运输资源在线集成**。利用物联网、移动互联网等技术，进一步加强对公路、铁路、民航、港口等交通运输网络关键设施运行状态与通行信息的采集。推动跨地域、跨类型交通运输信息互联互通，推广船联网、车联网等智能化技术应用，形成更加完善的交通运输感知体系，提高基础设施、运输工具、运行信息等要素资源的在线化水平，全面支撑故障预警、运行维护以及调度智能化。

3. **增强交通运输科学治理能力**。强化交通运输信息共享，利用大数据平台挖掘分析人口迁徙规律、公众出行需求、枢纽客流规模、车辆船舶行驶特征等，为优化交通运输设施规划与建设、安全运行控制、交通运输管理决策提供支撑。利用互联网加强对交通运输违章违规行为的智能化监管，不断提高交通运输治理能力。

（十）"互联网＋"绿色生态

推动互联网与生态文明建设深度融合，完善污染物监测及信息发布系统，形成覆盖主要生态要素的资源环境承载能力动态监测网络，实现生态环境数据互联互通和开放共享。充分发挥互联网在逆向物流回收体系中的平台作用，促进再生资源交易利用便捷化、互动化、透明化，促进生产生活方式绿色化（国家发展改革委、环境保护部、商务部、林业局等负责）

1. **加强资源环境动态监测**。针对能源、矿产资源、水、大气、森林、草原、湿地、海洋等各类生态要素，充分利用多维地理信息系统、智慧地图等技术，结合互联网大数据分析，优化监测站点布局，扩大动态监控范围，构建资源环境承载能力立体监控系统。依托现有互联网、云计算平台，逐步实现各级政府资源环境动态监测信息互联共享。加强重点用能单位能耗在线监测和大数据分析。

2. **大力发展智慧环保。**利用智能监测设备和移动互联网，完善污染物排放在线监测系统，增加监测污染物种类，扩大监测范围，形成全天候、多层次的智能多源感知体系。建立环境信息数据共享机制，统一数据交换标准，推进区域污染物排放、空气环境质量、水环境质量等信息公开，通过互联网实现面向公众的在线查询和定制推送。加强对企业环保信用数据的采集整理，将企业环保信用记录纳入全国统一的信用信息共享交换平台。完善环境预警和风险监测信息网络，提升重金属、危险废物、危险化学品等重点风险防范水平和应急处理能力。

3. **完善废旧资源回收利用体系。**利用物联网、大数据开展信息采集、数据分析、流向监测，优化逆向物流网点布局。支持利用电子标签、二维码等物联网技术跟踪电子废物流向，鼓励互联网企业参与搭建城市废弃物回收平台，创新再生资源回收模式。加快推进汽车保险信息系统、"以旧换再"管理系统和报废车管理系统的标准化、规范化和互联互通，加强废旧汽车及零部件的回收利用信息管理，为互联网企业开展业务创新和便民服务提供数据支撑。

4. **建立废弃物在线交易系统。**鼓励互联网企业积极参与各类产业园区废弃物信息平台建设，推动现有骨干再生资源交易市场向线上线下结合转型升级，逐步形成行业性、区域性、全国性的产业废弃物和再生资源在线交易系统，完善线上信用评价和供应链融资体系，开展在线竞价，发布价格交易指数，提高稳定供给能力，增强主要再生资源品种的定价权。

（十一）"互联网＋"人工智能

依托互联网平台提供人工智能公共创新服务，加快人工智能核心技术突破，促进人工智能在智能家居、智能终端、智能汽车、机器人等领域的推广应用，培育若干引领全球人工智能发展的骨干企业和创新团队，形成创新活跃、开放合作、协同发展的产业生态。（国家发展改革委、科技部、工业和信息化部、网信办等负责）

1. **培育发展人工智能新兴产业。**建设支撑超大规模深度学习的新型计算集群，构建包括语音、图像、视频、地图等数据的海量训练资源库，加强人工智能基础资源和公共服务等创新平台建设。进一步推进计算机视觉、智能语音处理、生物特征识别、自然语言理解、智能决策控制以及新型人机交互等关键技术的研发和产业化，推动人工智能在智能产品、工业制造等领域规模商用，为产业智能化升级夯实基础。

2. **推进重点领域智能产品创新。**鼓励传统家居企业与互联网企业开展集成创新，不断提升家居产品的智能化水平和服务能力，创造新的消费市场空间。推动汽车企业与互联网企业设立跨界交叉的创新平台，加快智能辅助驾驶、复杂环境感知、车载智能设备等技术产品的研发与应用。支持安防企业与互联网企业开展合作，发展和推广图像精准识别等大数据分析技术，提升安防产品的智能化服务水平。

3. **提升终端产品智能化水平。**着力做大高端移动智能终端产品和服务的市场规模，提高移动智能终端核心技术研发及产业化能力。鼓励企业积极开展差异化细分市场需求分析，大力丰富可穿戴设备的应用服务，提升用户体验。推动互联网技术以及智能感知、模式识别、智能分析、智能控制等智能技术在机器人领域的深入应用，大力提升机器人产品在传感、交互、控制等方面的性能和智能化水平，提高核心竞争力。

三、保障支撑

（一）夯实发展基础

1. **巩固网络基础。**加快实施"宽带中国"战略，组织实施国家新一代信息基础设施建设工程，推进宽带网络光纤化改造，加快提升移动通信网络服务能力，促进网间互联互通，大幅提高网络访问速率，有效降低网络资费，完善电信普遍服务补偿机制，支持农村及偏远地区宽带建设和运行维护，使互联网下沉为各行业、各领域、各区域都能使用，人、机、物泛在互联的基础设施。增强北斗卫星全球服务能力，构建天地一体化互联网络。加快下一代互联网商用部署，加强互联网协议第 6 版（IPv6）地址管理、标识管理与解析，构建未来网络创新试验平台。研究工业互联网网络架构体系，构建开放式国家创新试验验证平台。（国家发展改革委、工业和信息化部、财政部、国资委、网信办等负责）

2. **强化应用基础。**适应重点行业融合创新发展需求，完善无线传感网、行业云及大数据平台等新型应用基础设施。实施云计算工程，大力提升公共云服务能力，引导行业信息化应用向云计算平台迁移，加快内容分发网络建设，优化数据中心布局。加强物联网网络架构研究，组织开展国家物联网重大应用示范，鼓励具备条件的企业建设跨行业物联网运营和支撑平台。（国家发展改革委、工业和信息化部等负责）

3. **做实产业基础。**着力突破核心芯片、高端服务器、高端存储设备、数据库和中间件等产业薄弱环节的技术瓶颈，加快推进云操作系统、工业控制实时操作系统、智能终端操作系统的研发和应用。大力发展云计算、大数据等解决方案以及高端传感器、工控系统、人机交互等软硬件基础产品。运用互联网理念，构建以骨干企业为核心、产学研用高效整合的技术

产业集群，打造国际先进、自主可控的产业体系。（工业和信息化部、国家发展改革委、科技部、网信办等负责）

4. **保障安全基础**。制定国家信息领域核心技术设备发展时间表和路线图，提升互联网安全管理、态势感知和风险防范能力，加强信息网络基础设施安全防护和用户个人信息保护。实施国家信息安全专项，开展网络安全应用示范，提高"互联网＋"安全核心技术和产品水平。按照信息安全等级保护等制度和网络安全国家标准的要求，加强"互联网＋"关键领域重要信息系统的安全保障。建设完善网络安全监测评估、监督管理、标准认证和创新能力体系。重视融合带来的安全风险，完善网络数据共享、利用等的安全管理和技术措施，探索建立以行政评议和第三方评估为基础的数据安全流动认证体系，完善数据跨境流动管理制度，确保数据安全。（网信办、国家发展改革委、科技部、工业和信息化部、公安部、安全部、质检总局等负责）

（二）强化创新驱动

1. **加强创新能力建设**。鼓励构建以企业为主导，产学研用合作的"互联网＋"产业创新网络或产业技术创新联盟。支持以龙头企业为主体，建设跨界交叉领域的创新平台，并逐步形成创新网络。鼓励国家创新平台向企业特别是中小企业在线开放，加大国家重大科研基础设施和大型科研仪器等网络化开放力度。（国家发展改革委、科技部、工业和信息化部、网信办等负责）

2. **加快制定融合标准**。按照共性先立、急用先行的原则，引导工业互联网、智能电网、智慧城市等领域基础共性标准、关键技术标准的研制及推广。加快与互联网融合应用的工控系统、智能专用装备、智能仪表、智能家居、车联网等细分领域的标准化工作。不断完善"互联网＋"融合标准体系，同步推进国际国内标准化工作，增强在国际标准化组织（ISO）、国际电工委员会（IEC）和国际电信联盟（ITU）等国际组织中的话语权。（质检总局、工业和信息化部、网信办、能源局等负责）

3. **强化知识产权战略**。加强融合领域关键环节专利导航，引导企业加强知识产权战略储备与布局。加快推进专利基础信息资源开放共享，支持在线知识产权服务平台建设，鼓励服务模式创新，提升知识产权服务附加值，支持中小微企业知识产权创造和运用。加强网络知识产权和专利执法维权工作，严厉打击各种网络侵权假冒行为。增强全社会对网络知识产权的保护意识，推动建立"互联网＋"知识产权保护联盟，加大对新业态、新模式等创新成果的保护力度。（知识产权局牵头）

4. 大力发展开源社区。鼓励企业自主研发和国家科技计划（专项、基金等）支持形成的软件成果通过互联网向社会开源。引导教育机构、社会团体、企业或个人发起开源项目，积极参加国际开源项目，支持组建开源社区和开源基金会。鼓励企业依托互联网开源模式构建新型生态，促进互联网开源社区与标准规范、知识产权等机构的对接与合作。（科技部、工业和信息化部、质检总局、知识产权局等负责）

（三）营造宽松环境

1. 构建开放包容环境。贯彻落实《中共中央国务院关于深化体制机制改革加快实施创新驱动发展战略的若干意见》，放宽融合性产品和服务的市场准入限制，制定实施各行业互联网准入负面清单，允许各类主体依法平等进入未纳入负面清单管理的领域。破除行业壁垒，推动各行业、各领域在技术、标准、监管等方面充分对接，最大限度减少事前准入限制，加强事中事后监管。继续深化电信体制改革，有序开放电信市场，加快民营资本进入基础电信业务。加快深化商事制度改革，推进投资贸易便利化。（国家发展改革委、网信办、教育部、科技部、工业和信息化部、民政部、商务部、卫生计生委、工商总局、质检总局等负责）

2. 完善信用支撑体系。加快社会征信体系建设，推进各类信用信息平台无缝对接，打破信息孤岛。加强信用记录、风险预警、违法失信行为等信息资源在线披露和共享，为经营者提供信用信息查询、企业网上身份认证等服务。充分利用互联网积累的信用数据，对现有征信体系和评测体系进行补充和完善，为经济调节、市场监管、社会管理和公共服务提供有力支撑。（国家发展改革委、人民银行、工商总局、质检总局、网信办等负责）

3. 推动数据资源开放。研究出台国家大数据战略，显著提升国家大数据掌控能力。建立国家政府信息开放统一平台和基础数据资源库，开展公共数据开放利用改革试点，出台政府机构数据开放管理规定。按照重要性和敏感程度分级分类，推进政府和公共信息资源开放共享，支持公众和小微企业充分挖掘信息资源的商业价值，促进互联网应用创新。（国家发展改革委、工业和信息化部、国务院办公厅、网信办等负责）

4. 加强法律法规建设。针对互联网与各行业融合发展的新特点，加快"互联网＋"相关立法工作，研究调整完善不适应"互联网＋"发展和管理的现行法规及政策规定。落实加强网络信息保护和信息公开有关规定，加快推动制定网络安全、电子商务、个人信息保护、互联网信息服务管理等法律法规。完善反垄断法配套规则，进一步加大反垄断法执行力度，严格查处信息领域企业垄断行为，营造互联网公平竞争环境。（法制办、网信办、国家发展改革委、工业和信息化部、公安部、安全部、商务部、工商总局等负责）

（四）拓展海外合作

1. **鼓励企业抱团出海。**结合"一带一路"等国家重大战略，支持和鼓励具有竞争优势的互联网企业联合制造、金融、信息通信等领域企业率先走出去，通过海外并购、联合经营、设立分支机构等方式，相互借力，共同开拓国际市场，推进国际产能合作，构建跨境产业链体系，增强全球竞争力。（国家发展改革委、外交部、工业和信息化部、商务部、网信办等负责）

2. **发展全球市场应用。**鼓励"互联网＋"企业整合国内外资源，面向全球提供工业云、供应链管理、大数据分析等网络服务，培育具有全球影响力的"互联网＋"应用平台。鼓励互联网企业积极拓展海外用户，推出适合不同市场文化的产品和服务。（商务部、国家发展改革委、工业和信息化部、网信办等负责）

3. **增强走出去服务能力。**充分发挥政府、产业联盟、行业协会及相关中介机构作用，形成支持"互联网＋"企业走出去的合力。鼓励中介机构为企业拓展海外市场提供信息咨询、法律援助、税务中介等服务。支持行业协会、产业联盟与企业共同推广中国技术和中国标准，以技术标准走出去带动产品和服务在海外推广应用。（商务部、外交部、国家发展改革委、工业和信息化部、税务总局、质检总局、网信办等负责）

（五）加强智力建设

1. **加强应用能力培训。**鼓励地方各级政府采用购买服务的方式，向社会提供互联网知识技能培训，支持相关研究机构和专家开展"互联网＋"基础知识和应用培训。鼓励传统企业与互联网企业建立信息咨询、人才交流等合作机制，促进双方深入交流合作。加强制造业、农业等领域人才特别是企业高层管理人员的互联网技能培训，鼓励互联网人才与传统行业人才双向流动。（科技部、工业和信息化部、人力资源社会保障部、网信办等负责）

2. **加快复合型人才培养。**面向"互联网＋"融合发展需求，鼓励高校根据发展需要和学校办学能力设置相关专业，注重将国内外前沿研究成果尽快引入相关专业教学中。鼓励各类学校聘请互联网领域高级人才作为兼职教师，加强"互联网＋"领域实验教学。（教育部、国家发展改革委、

科技部、工业和信息化部、人力资源社会保障部、网信办等负责）

3. **鼓励联合培养培训**。实施产学合作专业综合改革项目，鼓励校企、院企合作办学，推进"互联网＋"专业技术人才培训。深化互联网领域产教融合，依托高校、科研机构、企业的智力资源和研究平台，建立一批联合实训基地。建立企业技术中心和院校对接机制，鼓励企业在院校建立"互联网＋"研发机构和实验中心。（教育部、国家发展改革委、科技部、工业和信息化部、人力资源社会保障部、网信办等负责）

4. **利用全球智力资源**。充分利用现有人才引进计划和鼓励企业设立海外研发中心等多种方式，引进和培养一批"互联网＋"领域高端人才。完善移民、签证等制度，形成有利于吸引人才的分配、激励和保障机制，为引进海外人才提供有利条件。支持通过任务外包、产业合作、学术交流等方式，充分利用全球互联网人才资源。吸引互联网领域领军人才、特殊人才、紧缺人才在我国创业创新和从事教学科研等活动。（人力资源社会保障部、国家发展改革委、教育部、科技部、网信办等负责）

（六）加强引导支持

1. **实施重大工程包**。选择重点领域，加大中央预算内资金投入力度，引导更多社会资本进入，分步骤组织实施"互联网＋"重大工程，重点促进以移动互联网、云计算、大数据、物联网为代表的新一代信息技术与制造、能源、服务、农业等领域的融合创新，发展壮大新兴业态，打造新的产业增长点。（国家发展改革委牵头）

2. **加大财税支持**。充分发挥国家科技计划作用，积极投向符合条件的"互联网＋"融合创新关键技术研发及应用示范。统筹利用现有财政专项资金，支持"互联网＋"相关平台建设和应用示范等。加大政府部门采购云计算服务的力度，探索基于云计算的政务信息化建设运营新机制。鼓励地方政府创新风险补偿机制，探索"互联网＋"发展的新模式。（财政部、税务总局、国家发展改革委、科技部、网信办等负责）

3. **完善融资服务**。积极发挥天使投资、风险投资基金等对"互联网＋"的投资引领作用。开展股权众筹等互联网金融创新试点，支持小微企业发展。支持国家出资设立的有关基金投向"互联网＋"，鼓励社会资本加大对相关创新型企业的投资。积极发展知识产权质押融资、信用保险保单融资增信等服务，鼓励通过债券融资方式支持"互联网＋"发展，支持符合条件的"互联网＋"企业发行公司债券。开展产融结合创新试点，探索股权和债权相结合的融资服务。降低创新型、成长型互联网企业的上市准入门槛，结合证券法修订和股票发行注册制改革，支持处于特定成长阶段、发展前景好但尚未盈利的互联网企业在创业板上市。推动银行业金融机构创新信贷产品与金融服务，加大贷款投放力度。鼓励开发性金融机构为"互联网＋"重点项目建设提供有效融资支持。（人民银行、国家发展改革委、银监会、证监会、保监会、网信办、开发银行等负责）

（七）做好组织实施

1. 加强组织领导。 建立"互联网＋"行动实施部际联席会议制度，统筹协调解决重大问题，切实推动行动的贯彻落实。联席会议设办公室，负责具体工作的组织推进。建立跨领域、跨行业的"互联网＋"行动专家咨询委员会，为政府决策提供重要支撑。（国家发展改革委牵头）

2. 开展试点示范。 鼓励开展"互联网＋"试点示范，推进"互联网＋"区域化、链条化发展。支持全面创新改革试验区、中关村等国家自主创新示范区、国家现代农业示范区先行先试，积极开展"互联网＋"创新政策试点，破除新兴产业行业准入、数据开放、市场监管等方面政策障碍，研究适应新兴业态特点的税收、保险政策，打造"互联网＋"生态体系。（各部门、各地方政府负责）

3. 有序推进实施。 各地区、各部门要主动作为，完善服务，加强引导，以动态发展的眼光看待"互联网＋"，在实践中大胆探索拓展，相互借鉴"互联网＋"融合应用成功经验，促进"互联网＋"新业态、新经济发展。有关部门要加强统筹规划，提高服务和管理能力。各地区要结合实际，研究制订适合本地的"互联网＋"行动落实方案，因地制宜，合理定位，科学组织实施，杜绝盲目建设和重复投资，务实有序推进"互联网＋"行动。（各部门、各地方政府负责）

国务院

2015 年 7 月 1 日

图书在版编目（CIP）数据

全国农村电商典型案例：彩图版 / 农业农村部乡村
产业发展司组编 . —北京：中国农业出版社，2023.2
（乡村产业振兴案例精选系列）
ISBN 978 - 7 - 109 - 30456 - 7

Ⅰ.①全… Ⅱ.①农… Ⅲ.①农村－电子商务－案例
－中国 Ⅳ.①F724.6

中国国家版本馆 CIP 数据核字（2023）第 026413 号

中国农业出版社出版

地址：北京市朝阳区麦子店街 18 号楼
邮编：100125
责任编辑：刘 伟 冀 刚
版式设计：书雅文化 责任校对：刘丽香
印刷：中农印务有限公司
版次：2023 年 2 月第 1 版
印次：2023 年 2 月北京第 1 次印刷
发行：新华书店北京发行所
开本：700mm×1000mm 1/16
印张：13.5
字数：242 千字
定价：68.00 元